# Le Penser

idem

DIDIER ANZIEU

# Le Penser

## Du Moi-peau au Moi-pensant

DUNOD

photo de couverture : © Christian Delbert - fotolia.com


11 rue Paul Bert, 92240 Malakoff
978-2-10-070130-8

# TABLE DES MATIÈRES

## 2

## ÉTUDE DES FONCTIONS DU PENSER

# PRÉAMBULE

## REMERCIER D'ABORD

La personne à qui je suis redevable de mes capacités de penser est pour l'essentiel mon père : soutien inconditionnel de mes études et de mes ambitions intellectuelles, il m'a fait vivre les deux expériences complémentaires et formatrices de l'interdit et d'un amour inconditionnel. Plus encore, les traces imprimées par lui sur mon psychisme m'ont permis, à chaque étape de mon existence, de trouver le maître à penser qui me faisait besoin – et ainsi de le suivre, de m'en séparer, de le remplacer quand c'était devenu nécessaire. En plus de ces figures tutélaires, j'évoque avec gratitude dans mon for intérieur quelques jumeaux ou jumelles imaginaires dont les compagnonnages d'esprit furent décisifs autant pour ma créativité que pour de bienvenues remises en question de ma personne et de mes idées. Ce qui, en termes plus savants, peut être nommé inter-auto-analyse.

Mes remerciements vont spécialement à Évelyne Guilhendou, qui a eu la patience et le talent de déchiffrer et de transcrire mon manuscrit ; sans sa collaboration, mon livre n'aurait pu aboutir.

# POUR INTRODUIRE AU PENSER

## L'auteur et son ouvrage

Ce livre est ce qu'il est. Un livre difficile pour l'auteur qui n'a cessé pendant des années d'en recommencer le commencement, en quête du ton juste, approprié aux quelques idées qu'il propose et qu'il pense pouvoir être fécondes dans les débats actuels sur la science et la connaissance. Quant au lecteur, qu'il se montre persévérant : la fréquentation de cet ouvrage austère pourra l'aider au double apprentissage de la simplicité et de la rigueur.

L'exposé du cadre théorique qui soutient mes idées occupe la première partie, intitulée *Recherche et développement*. La forme de leur exposé, je la dois à l'*Éthique* (1677) de Spinoza, ordonnée à la manière du raisonnement géométrique, avec des chaînes de Propositions ponctuées de Commentaires ; mais leur contenu relève autant de l'esprit de finesse que de celui de géométrie. En effet, avant de m'appuyer sur mon expérience de la psychanalyse et sur mes lectures de Freud et de ses continuateurs, mes idées s'inspirent des écrits de Pascal – *Pensées* (éd. 1960) principalement – découverts à Melun lors de mes 18 ans grâce à mon premier maître à penser, Zacharie Tourneur.

Ce livre, j'aurais aimé l'écrire à Port-Royal des Champs entre quelques visites pieuses, quelques discussions avec les abbesses et les religieuses du Port-Royal de Paris, un parmi ces Messieurs mi-clercs mi-laïcs, solitaires et groupés, jansénistes férus de grammaire, de logique, de pédagogie. Par moments, parlent à mon esprit Nicole et le Grand Arnauld, le médecin Hamon, l'abbé de Saint-Cyran et le peintre de Champaigne, Lancelot, le duc de Luynes, Le Maîstre de Sacy, et tout un fil se déroule, de l'évangile johannique aux *Confessions* de saint Augustin, à Jansénius, à Mère Angélique, à Blaise Pascal, à moi-même. J'ai perdu, depuis ce temps de ma jeunesse, l'intelligence de la foi, j'ai peut-être gagné la foi dans l'intelligence. Voilà des noms que j'assigne aux origines de ma vocation à penser.

Il faut avoir vieilli pour écrire sur le penser, avec la concision, la concentration, l'abstraction appropriées à la brièveté croissante de l'existence, mais aussi grâce à la recharge libidinale toujours activée lorsqu'un motif puissant absorbe l'esprit et « contrepèse », comme l'écrit Pascal, l'affaiblissement du corps. Dans ces conditions, on peut – je le pense – rendre la crise d'entrée dans la vieillesse aussi créatrice, aussi gaie, aussi émouvante que les précédentes, qui nous firent entrer dans la jeunesse, puis dans la maturité. Ce corps mourra, cet esprit s'engourdira. Mais la capacité proprement humaine de penser en se continuant à travers les générations porte son ultime riposte à la fin inévitable, à la figure obscène et vide de Monsieur la Mort. C'est à lui/elle que je dédie ce livre, en signe de haine fraternelle.

« On ne saurait penser à tout. » Cet énoncé banal survient sous ma plume à l'instant même, me mettant en garde contre l'orgueil de savoir, la vanité d'écrire, les tentations du divertissement. Les pensées sont en expansion illimitée comme l'univers des étoiles. Le bord où elles s'arrêteraient et s'effondreraient dans le vide absolu est impensable et cependant toujours esquissé à l'horizon. Des pensées çà et là naissent, brillent, s'attirent, s'équilibrent, explosent, se morcellent, s'agglutinent. Le penser les contient, les transforme, leur donne formes ou mots. Ce n'est pas à ces pensées innombrables, protéiformes, fluctuantes, que je m'intéresserai. C'est du penser au travail que ce livre traitera. Là réside le champ de ma pratique, tout en me souvenant d'avoir été philosophe et en éprouvant la nécessité de le redevenir. Comment les pensées viennent-elles au patient, au psychanalyste, pendant les séances, entre celles-ci, entre eux ? Que leur cours nous enseigne-t-il ? La séance constitue un observatoire privilégié pour regarder penser les autres, pour se regarder penser soi-même. Longtemps j'ai regardé penser Freud. À travers l'expérience psychanalytique, je m'efforcerai de saisir l'activité du penser en tant que telle, sachant ma saisie incomplète et approximative. Ainsi aurai-je l'espoir d'échapper au leurre d'un penser pur, analogue à l'illusion, dénoncée par Kant (1781-1787), de la colombe qui s'imagine qu'elle volerait plus vite si elle ne rencontrait pas la résistance de l'air qui justement la soutient. Le penser est ce qui nous résiste et ce qui nous porte, ce qui nous protège du vide et qui nous surcharge, ce qui nous fait respirer : souffle, voix et texte.

Ce livre flotte au flux des trouvailles, au reflux des répétitions. Il est soutenu par des îlots de certitudes, travaillé par l'inachèvement. L'indéfinitif est son premier motif.

Par un autre tour, mes pensées individuelles remontent aux origines sociales supposées de la pensée. Elles totalisent mes connaissances et ma culture, se proposent en savoir de portée universelle. Le récapitulatif est mon deuxième parcours, en forme d'anabase, d'anamnèse, d'analyse.

Le troisième volet s'ouvre et se referme sur les ambiguïtés, les paradoxes, les ruses du négatif, sur ses spirales ascendantes et descendantes, sur les surenchères du pire, les inversions du vrai. Mais le négatif est aussi ce qui permet de prendre en creux un moule des êtres et des choses.

Le présent ouvrage laisse de côté les rapports du penser avec le cerveau et avec la société, domaines de recherche dont l'auteur n'a pas une expérience suffisante. Il ne revient pas non plus sur les caractéristiques particulières des pensées selon les grandes organisations psychopathologiques, par exemple leur surinvestissement dans la névrose de contrainte, leur rigidité dans la paranoïa, leur meurtre dans l'autisme. Ces questions ont été très étudiées, surtout du point de vue classique des mécanismes de défense du moi et de la nature des pulsions en jeu ; je tomberais dans des redites en m'y arrêtant. Même remarque relative à la question de l'origine des processus de pensée chez l'enfant : la surabondance des données recueillies me rend discret.

Selon la psychanalyse, la pensée est une action différée. Le but de nos actions est l'accomplissement de nos désirs et l'obtention d'un plaisir. L'action est différée jusqu'à ce que soient réunies les conditions de cette réalisation. Penser, c'est subordonner le principe de plaisir au principe de réalité : il est pour cela pénible de penser. Selon Freud, penser clive l'appareil mental en deux modes ou zones de fonctionnement : le moi-plaisir (producteur de fantaisies conscientes, de rêveries diurnes) et le moi-réalité (producteur de concepts, de jugements, de raisonnements).

La logique rationnelle s'oppose ainsi à une logique de l'imaginaire. À son tour la logique de l'imaginaire conscient se différencie de la logique du fantasme inconscient (fondée surtout sur le refoulement). La logique rationnelle quant à elle porte sur des objets extérieurs à la conscience, et s'oppose à la logique du sujet, c'est-à-dire d'un être qui s'auto-désigne comme doté de conscience. La séance de psychanalyse tend à mobiliser la logique de l'imaginaire chez l'analysant et la logique de la conscience chez l'analyste. La conscience est leurrée par les productions imaginaires conscientes ; elle est infiltrée par les fantasmes inconscients. Elle se dégage par des prises de conscience. Elle tend à concevoir l'appareil mental sur le modèle de la logique rationnelle propre à l'objet externe, ou, inversement, la logique subjective, syncrétique tend à se prolonger aux objets externes. Ces deux logiques sont impérialistes : la logique de l'objet prétend pouvoir s'appliquer à tout, grâce aux progrès de la science et des machines analogiques : tout ce qui est réel serait rationnel ; inversement, des êtres humains dits primitifs étendent au monde entier inanimé et animé le processus d'identification subjective : tout pour eux est esprit, c'est-à-dire semblable, non plus analogique.

Le moi-pensant ou moi-réalité tend à structurer les pensées par une double analogie avec la façon dont la peau enveloppe le corps vivant et dont le moi élabore et transforme les contenus psychiques. C'est là la source d'une tradition philosophique qui voit dans l'être humain un microcosme, une miniature idéale du monde ; plus précisément, l'esprit (ou moi pensant) serait un analogon parfait du corps propre (ou moi-peau), et tout système de corps physiques ou sociaux ne serait pensable que comme machine analogique d'un corps de pensées. Tel est du moins le discours tyrannique des instances idéales, celui par exemple de l'amour-propre selon Pascal, celui des idéologies ou des utopies dominantes. Plus exactement, je soutiens l'idée que le moi pensant cherche à se présenter comme un triple microcosme. En intersection avec le moi corporel, il serait un analogon *opératif* du monde des corps. En intersection avec le moi psychique, il serait un analogon *figuratif* du monde des images mentales et, au sens large, des contenus psychiques. En intersection avec le surmoi, il serait un analogon *génératif* du registre des codes.

De même que le moi face aux événements qui le frustrent se clive en un moi-réalité et un moi-plaisir, de même – à mon sens – le moi-réalité se clive en un moi rationnel et un moi empirique marqué par la déception, le scepticisme, autrement dit un moi-grandeur et un moi-misère (toujours selon Pascal). Penser oscille entre l'exercice de la raison sur le modèle géométrique et le consentement à l'écart, aux scissions, aux ratés, à la critique, à l'incertitude, à l'inconscient, à l'interminable, qui relèvent de l'esprit de finesse.

Les deux défis portés à l'esprit humain par la Nature sont l'existence sont l'existence de la sexualité et celle de la mort. Peut-être même l'esprit a-t-il créé la pensée, sinon pour répondre complètement à ces défis, du moins pour contenir les angoisses, reconnaître les rêveries et les fantasmes et traiter des conflits intra- et inter-psychiques suscités chez les humains par leur impuissance, leur finitude, leur déréliction, leurs blessures narcissiques, leurs échecs, leur ennui, leur vanité, leur condition, leur démesure, leur néant : marques du péché originel, selon Pascal, que la psychanalyse appelle complexe de castration.

Ce livre considère le penser comme l'articulation/désarticulation/transformation des rapports entre trois éléments fondamentaux : l'écorce (le monde extérieur) ; le noyau (le monde intérieur) ; le monde intermédiaire (le langage, la culture).

## Le penser et les pensées

La raison est un système de règles et de procédés mettant en œuvre des principes qui permettent au penser conscient de soumettre les pensées qui se présentent à l'esprit à une double épreuve, de réalité et de cohérence. Travail au terme duquel certaines pensées sont plus ou moins durablement tenues pour avérées.

La logique comprend quatre opérations : concevoir, juger, raisonner, ordonner (*cf.* A. Arnaud et P. Nicole, *La logique ou l'art de penser*, 1662).

Mots, choses, fantasmes sont trois ordres de réalité : monde extérieur régi par des lois ; monde du fantasme régi par des scénarios ; monde de la langue régi par des règles : les trois ordres ont des statuts épistémologiques différents. Le monde des pensées, caractérisé par la réflexivité et la réflexion, essaie de réfléchir ces trois mondes et de réfléchir sur eux. Il se peut que ce soient ces différences qui suscitent, dans l'esprit, l'émergence du penser comme tentative, sinon de les réduire, du moins de contenir la tension qui l'écartèle.

Il faut introduire une autre distinction : celle du penser et des pensées. Les pensées préexistent au penser ; elles l'appellent, le suscitent ; le penser se construit par auto-organisation, pour que les pensées deviennent pensables. Il y a des proto-pensées (Bion, 1967 ; M. Pinol-Douriez, 1984), mobiles, intérieures/extérieures à l'esprit ; état psychique d'ordre « hallucinatoire » (C. et S. Botella, 1990) ou encore état « originaire », entre confusion et différenciation, mixtes d'impressions sensorielles, posturales, cœnesthésiques, kinesthésiques, de collages-montages de morceaux bruts, d'affects et de fantasmes, qu'on a comparés à des « pictogrammes » (P. Aulagnier, 1975). C'est à ces confusions que le penser répond en se constituant comme producteur progressif puis comme gestionnaire des catégories. Il assure le passage du psychisme originaire aux processus psychiques proprement dits, primaires et secondaires (au sens de Freud).

Penser, c'est différer les réponses aux questions, afin de prendre le temps de les élaborer, en évitant la précipitation et la prévention (Descartes, 1637) : ce que Derrida (1967) appelle la différ*a*nce (avec un *a*), le report, l'attente, pour l'opposer à la différ*e*nce (avec un *e*), aux différenciations introduites ensuite par la prise en considération des catégories.

Le terme de catégorie a deux sens, qui dénotent les deux premiers actes du penser : la qualification, la classification.

Au premier sens, une catégorie est une qualité attribuée à une chose considérée comme objet épistémique, ou un prédicat attribué au sujet grammatical d'une phrase ; ou encore un trait commun à des perceptions (identité des perceptions selon Freud) ou à des pensées (identité des pensées). Par exemple, la psychanalyse distingue trois catégories de pensées : conscientes, préconscientes, inconscientes (encore une division ternaire). Autre division : les signifiants de démarcation (Rosolato, 1978) qui différencient les qualités sensibles ; les signifiants formels (D. Anzieu, 1987) qui différencient les configurations spatiales. Penser, c'est identifier et différencier les qualités.

Au second sens, une catégorie est une classe dans laquelle on range les objets de même nature. Le dictionnaire Robert relève les synonymes suivants : espèce, famille, genre, groupe, ordre, série. Penser, c'est trier, sérier, ordonner, classer, regrouper. Mais on ne peut pas classer sans établir des limites entre les classes, sans décrire comment les classes ainsi délimitées s'emboîtent en classes de classes, avec des empiétements, des failles inévitables dans les articulations.

La logique des mots, la logique des choses et la logique des pensées sont différentes (*cf.* B. Gibello, 1977) – et donc elles ne recourent pas aux mêmes catégories – mais ces différences sont mal supportées par le penser, qui aspire à l'idéal d'une logique unique s'appliquant à tout par le truchement de sous-logiques particulières déduites de cette hypothétique logique générale. Cette utopique logique universelle permettrait de tout qualifier et de tout classer dans un même système. Elle présuppose – à tort – l'existence d'un moi cohérent et unifié ; ce qui est démenti par l'observation psychanalytique du fonctionnement psychique.

Penser, c'est apprendre le bon usage des catégories, à se méfier notamment des oppositions binaires.

Les logiciens classent les assertions en deux catégories selon leur degré d'indépendance : hypothétiques ou catégoriques. L'assertion catégorique est indépendante, inconditionnelle (à la différence de l'hypothétique, qui dépend d'une condition) ; elle circonscrit l'essence d'une réalité, la substantialité selon la tradition rationaliste. L'assertion catégorique, dans le domaine de la raison pure, énonce les lois physiques et, dans le domaine de la raison pratique, elle énonce la loi morale : Tu dois (et donc tu peux). La loi morale commande dans l'absolu : c'est un impératif *catégorique* (Kant, 1788). Auto-affirmation du discours traduisant vraisemblablement l'auto-organisation du penser. L'illusion logique du même est ici patente. Au penser incombe la tâche de démonter les illusions, les paradoxes, les confusions des pensées.

Une pensée combine un sens et une forme. Ce livre-ci expose un groupe d'idées susceptible de s'organiser en un système ouvert. Il le montre selon différentes perspectives et il l'expose sous des genres variés : traité scientifique, essai philosophique, réflexion auto-analytique, document clinique, tableau comparatif, narrations. Le lecteur sera séduit ou rebuté par l'un ou l'autre genre. Je lui demande d'avancer dans sa lecture afin d'y rencontrer d'autres contenus et d'autres styles. Aucun genre n'a le monopole de penser. Unité du système, diversité de ses formes : telle a été mon intention.

Je dois un autre avertissement aux lecteurs, et plus encore aux lectrices. La langue française oblige le locuteur à choisir entre des mots au masculin ou au féminin. Elle ne comporte pas le neutre. D'où des connotations et des interprétations parfois malheureuses et souvent indues. J'avais le choix, pour intituler mon livre, entre *Le penser* et *La pensée*. Le second terme, d'usage courant, est multivoque : il s'applique aussi bien aux sensations, aux images mentales, qu'aux concepts. J'ai préféré le premier, un néologisme auquel je peux attribuer un sens précis. Le penser est une structure commune aux deux sexes, structure que je me suis efforcé de démonter et dont j'ai décrit les principales fonctions. Les pensées, par contre, peuvent être masculines ou féminines à cause des images du corps et des fantasmes qui les investissent. Je parlerai plus loin de la fonction d'investissement phallique du corps et du penser comme fonction primordiale. Qu'on n'aille pas me soupçonner là d'un parti-pris masculin. La première forme phallique est le sein maternel gonflé et dont le mamelon érigé donne le lait. La seconde est le pénis érigé, donneur de vie. Le penser est porté par cette double force phallique.

# 1

# RECHERCHE ET DÉVELOPPEMENT DU MOI-PEAU AU MOI PENSANT

# QUARANTE-CINQ PROPOSITIONS PSYCHANALYTIQUES
## SUR L'ESPRIT, LE PENSER, LA CONNAISSANCE

### *Proposition 1*

### L'ESPRIT, LE CORPS, LEUR UNION

L'ÊTRE HUMAIN SE REPRÉSENTE COMPOSÉ D'UN ESPRIT ET D'UN CORPS À LA FOIS DISTINCTS ET UNIS.

### *Commentaires*

*a* – Ce *paradoxe* a été fort bien défini par Descartes (1641) ; il y a selon lui trois substances : l'âme (dont l'essence est la pensée), le corps (dont l'essence est l'étendue) et l'union de l'âme et du corps (dont l'essence nous échappe mais qui entre en jeu à la fois dans les actions et dans les passions).

*b* – L'union de l'esprit et du corps n'est ni un postulat ni un axiome ; c'est une aperception interne, accompagnée d'un sentiment d'évidence.

*c* – L'esprit, en tant qu'il prend le corps pour objet, se différencie en moi-corporel ; en tant qu'il se prend lui-même pour objet, il se différencie en moi-psychique.

## *Proposition 2*

## ESPACE-TEMPS CORPOREL, ESPACE-TEMPS PSYCHIQUE

PARCE QU'IL EST À LA FOIS PSYCHIQUE ET CORPOREL, LE MOI TRANSPOSE DANS L'ESPRIT LES DIMENSIONS SPATIO-TEMPORELLES DU CORPS.

### *Commentaires*

*a* – L'espace psychique a une dimension verticale transposée de celle du corps : élan, redressement, maintenance, emboîtements hiérarchisés à l'instar du rapport de la tête au tronc.

*b* – La dimension horizontale de l'espace psychique concerne les contiguïtés spatiales, les contacts latéraux avec l'entourage, les schèmes d'action des membres, principalement des bras et des mains ; cette dimension délimite les contenus psychiques.

*c* – La dimension sagittale concerne la profondeur, l'arrière-plan, la recherche de la bonne distance. Elle est liée à l'acquisition de la parole et de la marche et aux arrière-pensées.

*d* – La dimension temporelle, ou quatrième dimension, concerne les macro-rythmes, les micro-rythmes, les dysrythmies ; Geneviève Haag (1993) a repéré dans les premiers dessins des enfants la présence d'émanations rythmiques à partir d'un centre de type solaire ; on sait aussi que le fœtus a ses propres rythmes et expérimente ceux de sa mère ; il y a antériorité de la notion de rythme sur celle d'espace. L'espace psychique, en tant qu'analogon de l'espace physique, permet la connaissance du monde extérieur. Le temps vécu, en tant qu'analogon du rythme des soins et des pulsions, prépare la connaissance du monde intérieur (Kant, 1781-1787).

## *Proposition 3*

# L'ESPRIT, ANALOGON DU CORPS ; LES AUTRES CORPS, ANALOGIQUES DU CORPS PROPRE

IL N'Y A RIEN DANS L'ESPRIT QUI NE SOIT PASSÉ PAR LES SENS ET LA MOTRICITÉ. L'ESPRIT A TENDANCE À SE CONCEVOIR COMME UN APPAREIL ANALOGIQUE DU CORPS VIVANT ET DE SON ORGANISATION ET À CONCEVOIR LES AUTRES CORPS COMME DES ANALOGON DU CORPS PROPRE. L'ACQUISITION DES DIFFÉRENCES ESPACE/TEMPS, CONTINUITÉ/RUPTURE, DEDANS/DEHORS... JALONNE CETTE CONSTRUCTION.

## *Commentaires*

*a* – Analogique, ou encore « proportionnel » ou « proportion harmonique » (*cf.* la section d'or) dénote l'identité des rapports entre les termes de deux ou plusieurs couples d'éléments (en mathématiques) ou l'identité de structures et de fonctions (en sciences naturelles). L'auteur du présent ouvrage s'élève avec force contre la tendance contemporaine à l'affadissement du sens du mot analogique, réduit à dénoter une vague ressemblance.

*b* – La présente proposition reprend l'énoncé fondamental de la philosophie empiriste (« il n'y a rien dans l'esprit qui ne soit passé par les sens, si ce n'est l'esprit lui-même ») en le modifiant sur trois points : l'expérience de la motricité est ajoutée à celle de la sensorialité ; l'expérience de la temporalité est ajoutée à celle de la spatialisation ; l'esprit se construit en construisant ses objets selon une spirale interactive ; toutefois, cette expression décrit un processus, elle ne l'explique pas. L'expérience d'un processus requiert l'existence préalable d'un cadre ; l'expérience actualise le cadre en même temps que le cadre rend possible l'expérience.

*c* – Le temps et l'espace sont des formes *a priori* (Kant, 1781-1787) de toute activité sensori-motrice. Ce sont des intuitions pures, à la fois subjectives et universelles. Sans forme *a priori*, il n'y a pas d'expérience possible. Sans l'expérience qui les actualise, les formes *a priori* en droit restent virtuelles en fait.

## *Proposition 4*

# L'ÉCORCE, LE NOYAU, L'INTERMÉDIAIRE

LES TROIS ÉLÉMENTS CONSTITUANT LE SYSTÈME D'UN CORPS QUELCONQUE SONT CONÇUS PAR LE MOI PENSANT COMME L'ÉCORCE, LE NOYAU (N. ABRAHAM, M. TOROK, 1978) ET LE TISSU INTERMÉDIAIRE (R. KAËS, 1985). ILS PEUVENT ÊTRE EUX-MÊMES DOTÉS PAR L'ESPRIT DE SOUS-SYSTÈMES MICROCOSMIQUES ANALOGIQUES DU SYSTÈME GLOBAL.

## *Commentaires*

*a* – Le noyau du corps est le squelette et les organes vitaux internes ; l'écorce est la peau. Le noyau de l'esprit est le moi pensant ; l'écorce est le moi-peau.

*b* – La substance intermédiaire peut être un tissu solide, visqueux, liquide ou gazeux. Elle peut être faite de représentations des choses ou être un analogon d'un tel tissu : des chaînes associatives de représentations de mots, par exemple.

*c* – Les positions respectives de l'écorce et du noyau obéissent à trois grands types : le noyau est à l'intérieur (plus précisément au centre de la configuration) ; il est à la périphérie ; il est à l'extérieur de l'écorce. Dans le domaine de la psychopathologie, ce sont respectivement les cas de la névrose de contrainte, de la névrose hystérique, des états-limites quant aux rapports topologiques du moi pensant (ou noyau) et du moi-peau (ou écorce).

## *Proposition 5*

# HUIT FONCTIONS DU MOI-PEAU ET DU MOI-PENSANT

La grille des fonctions du Moi-peau fournit un instrument empirique de classification des fonctions du Moi pensant en huit rubriques. Le travail associatif du patient et le travail interprétatif du psychanalyste ont pour but d'instaurer, d'entretenir, de consolider la consistance, la contenance, la constance, la signifiance, la concordance, l'individuation, la sexualisation, l'énergisation du penser.

## *Commentaires*

Ils concernent respectivement chacun des huit buts :

*1 – Consistance.* Permettre au penser de donner aux pensées, d'une part, de la compacité, du poids (transposition psychique de la force physique de la pesanteur) ; d'autre part, des appuis solides (adossement) sur lesquels elles prennent leur élan ; enfin, un centre de gravité à partir duquel elles peuvent rayonner.

*2 – Contenance.* Faire tenir ensemble des pensées ; délimiter des champs propres où elles trouvent concision, force, et un équilibre entre un noyau qui structure des objets bons à connaître et une périphérie où sont déposées les pensées en attente (fonction de « différance » selon Derrida, 1967), en souffrance (fonction de dépositaire), en rejet (fonction de déposition).

*3 – Constance.* Établir une barrière de représentation qui protège l'esprit du débordement des excitations endogènes et exogènes, qui maintient la quantité d'affects à un niveau le plus constant possible, qui dérive une partie de l'énergie psychique vers le travail du penser.

*4 – Signifiance.* Fixer les pensées par des signes qui permettent de les différencier, de les transcrire, de les communiquer.

*5 – Concordance.* À partir de ces signes, établir entre les pensées des systèmes de cohérence, de convergence, de correspondance, de transformation logique.

*6 – Individuation.* Penser des pensées personnelles qui émergent et tranchent sur un fond commun de pensées toutes faites.

*7 – Énergisation.* Libérer la force pulsionnelle nécessaire pour penser.

*8 – Sexualisation.* Érotisation des pensées ; phallicisation du penser, plaisir de penser.

## *Proposition 6*

# L'ÉVOLUTION DES PRIMATES À L'HOMME

L'ÉVOLUTION ANATOMIQUE ET ÉCOLOGIQUE DES PRIMATES À L'HOMME ABOUTIT À LA CROYANCE EN L'EXISTENCE D'UN MONDE DES ESPRITS.

## *Commentaires*

*a* – Les acquisitions de l'*homo erectus* puis *sapiens sapiens* se multiplient au cours de la préhistoire : verticalité, nudité de la peau compensée par le vêtement, schèmes visuo-tactiles, plus grande disponibilité sexuelle des femelles, reconnaissance du rôle vital du feu, du soleil, de la chaleur, de la lumière. D'où le sentiment vraisemblable d'une consistance interne aboutissant : *1.* au pressentiment de l'existence d'un appareil mental (ou appareil d'âme ou « animique ») individuel intriqué dans une âme collective ; *2.* à la croyance en sa survie après la mort ; *3.* aux premiers rituels religieux et magiques (ensevelissement et sépulture des morts avec provisions pour leurs âmes, croyance aux esprits, culte solaire, etc.) ; *4.* aux premières représentations sur les parois des grottes : les bisons, ours, chevaux (c'est-à-dire le gibier, chassé non plus dans la forêt, mais dans la savane), la vulve (c'est-à-dire la sexualité et la fécondité) ; *5.* aux rôles de la main (c'est-à-dire la production du feu et la fabrication des outils matériels et intellectuels).

Les premiers symboles semblent avoir été la ligne (symbole masculin) et le creux (féminin en forme d'amande), la superposition de plis, entailles, rayures (pour le comptage), un noyau irradiant d'où émanent des faisceaux de traits (soleil et rayons ? âme ? centre de gravité du corps ?), des notations rythmiques et musicales (pour le consensus tribal ?).

*b* – Les primates semblent avoir été arboricoles et végétariens, vivant de la cueillette ; les premiers humains furent à la fois fructivores et carnivores, ce qui élargissait l'éventail de leurs ressources alimentaires ; ils devinrent chasseurs, actifs, déployant une agressivité conquérante envers la nature et les autres espèces animales.

*c* – Ils dessinaient, gravaient, coloriaient debout le long des parois des grottes, puis ils apprirent à le faire assis. Les préhistoriens pensent pouvoir discerner les trois niveaux d'une écriture dans ces figurations : des *pictogrammes* représenteraient l'objet désiré (la proie, la vulve) ou l'organe désirant (la verge en érection, la main) ; des *idéogrammes* ébaucheraient une grammaire non déchiffrée à ce jour (le genre, le nombre, peut-être le lieu, le temps ?) ; des *psychogrammes* traduiraient les sensations et les sentiments du moi naissant : angoisse, amour, peur de la mort, élan (se retrouve là la première fonction du moi-peau : l'élan phallique vers la verticalité, le moi et la pensée) et constitueraient une sémantique.

*d* – En contrepartie de cette profusion, une représentation manque : on ne trouve sur ces parois ni scènes d'accouchement, ni scènes d'élevage des enfants. En revanche, des chasseurs en érection poursuivent des femelles exhibant leur fente ; un mâle est assis, une femelle le chevauche, position qui serait censée plus favorable au plaisir et à la reproduction. Des problèmes restent non résolus : quand les premiers humains ont-ils fait un lien entre le coït et la grossesse ? Quand les tabous sexuels sont-ils intervenus pour mettre de l'ordre dans l'attraction sexuelle ? Quel rôle l'interdit – phénomène spécifique des groupes humains – a-t-il joué dans l'accès du moi à la symbolisation et dans la cohésion tribale ?

*e* – Enfin, la généralisation, chez les primates évoluant vers l'humanité, du réflexe auditivo-laryngé (s'entendre prononcer les sons qu'on émet soi-même – réflexe présent chez les oiseaux, absent généralement chez les mammifères) a parachevé l'invention d'un langage verbal reposant sur la double articulation du signe (au signifiant sonore et au signifié nommant le référent). Les étapes du moi-peau au moi pensant sont ainsi confirmées par les découvertes des paléoanthropologues en même temps qu'elles les fondent.

*f* – La représentation du gibier visé par la chasse appelle deux hypothèses possibles : pour certains préhistoriens, ce serait une opération magique d'envoûtement de l'animal ; pour d'autres, le dessin de l'animal traduirait la concentration intérieure préalable du chasseur sur l'objet du désir – analogue à la concentration actuelle du sportif avant une compétition. Le chasseur attaquerait ainsi l'animal avec rapidité et force, conditions du succès. Les dessins, les entailles, semblent avoir été en effet produits d'un seul jet. Le chasseur, avant de partir en expédition, vient se recueillir sur l'animal représenté jusqu'à ce qu'il le « voie » et se sente prêt à bondir le premier sur lui quand il le rencontrera.

*g* – Chacune des huit fonctions du moi-peau peut être considérée comme une trace laissée dans l'esprit au cours de la préhistoire de l'espèce humaine.

*1.* La conquête de l'équilibre du corps sur deux pieds dans le sens opposé à la pesanteur se traduit par un dégagement du monde olfactif et par un triple élan phallique d'érection du corps vers la verticalité, de l'esprit vers l'intégration des processus psychiques par le moi et de la pensée vers des axes directeurs.

*2.* La dénudation de la peau par perte de la fourrure entraîne la recherche de contenants physiques et psychiques et de schèmes d'enveloppe.

*3.* Le pare-excitation est fourni par le développement de la préhension manuelle (outils, armes, vêtements, abris, feu) qui entraîne l'acquisition des schèmes de transformation.

*4.* La surface d'inscription des signaux et des signes est constituée par les parois des grottes. Ceux-ci répondent aux débuts simultanés (?) de l'écriture et de la parole (grâce au réflexe auditivo-laryngé) et à l'invention de codes de communication (en rapport avec le développement du surmoi).

*5.* La consensualité apporte l'union du clan comme corps, l'illusion groupale, l'accompagnement rythmique des activités : on ne tue pas le congénère (menace du talion) ; exception : le meurtre rituel du chef, du bouc émissaire.

*6.* L'individuation émerge de la mentalité tribale par l'expérience de la mort et de l'échange sexuel et par la croyance en l'existence des esprits.

*7.* Recharge énergétique : le groupe prend la force du personnage auquel il s'identifie : le père tout-puissant, mort ; l'image maternelle, clivée : la grande déesse mère.

*8.* La sexualité tend à devenir indépendante de la fécondité. Les femelles sont disponibles au plaisir en dehors de l'œstrus. D'où les premiers règlements sociaux concernant l'inceste, la virginité, la polygamie.

## *Proposition 7*

# MOI-PLAISIR, MOI-RÉALITÉ ; MOI-RÉALITÉ EXTERNE ET MOI-RÉALITÉ INTERNE

LE MOI EN QUÊTE D'OBJET DE SATISFACTION SE CLIVE, SELON FREUD, EN UN MOI-PLAISIR, QUI IMAGINE LA SATISFACTION, ET UN MOI-RÉALITÉ, QUI TIENT COMPTE DES CONDITIONS D'EFFECTUATION DE CELLE-CI. IL PARAÎT NÉCESSAIRE D'INTRODUIRE UN CLIVAGE SUPPLÉMENTAIRE ENTRE LE MOI-RÉALITÉ EXTERNE – OU MOI-RAISON, OU ENCORE MOI OBJECTIF – ET UN MOI-RÉALITÉ INTERNE, SUBJECTIF.

## *Commentaires*

*a* – Les grandes découvertes scientifiques ont souvent été minimisées par leur inventeur et par ses contemporains, la postérité faisant ultérieurement le tri entre les énoncés de l'inventeur qui relevaient respectivement du moi-raison, du moi subjectif, du moi-plaisir.

*b* – L'exemple de Newton est frappant (*cf.* Loup Verlet, *La malle de Newton*, 1993). Newton a découvert très jeune la loi de la gravitation universelle qui, après une phase de polémiques et de décantation, l'a rendu célèbre. Puis il s'est consacré surtout à des recherches alchimiques et théologiques, notamment sur un éventuel chiffre de l'univers qui aurait été décodable à partir des prophéties bibliques. Le désir de concilier les données de la religion et les progrès de la science ne suffit pas à expliquer ce clivage. Tout se passe comme si le savant devait déporter en position périphérique ses hypothèses rationnelles et localiser en position centrale les « rêveries » métaphysiques qui lui paraissaient bien plus importantes. Newton était prudent sur les deux fronts. Il enfermait dans sa malle les notes et les brouillons de ce qui allait être par exemple la théorie des couleurs ou les bases du calcul infinitésimal en même temps que des spéculations sur la rationalité de la création et de l'Histoire Sainte.

Newton est né en 1642. C'est en 1666, donc à l'âge de 24 ans, qu'il procède à ses premières expériences sur la décomposition spectrale de la lumière blanche et devine la raison de la gravitation universelle. En 1687, donc à l'âge de 45 ans, il publie l'ouvrage qui le rend célèbre, *Philosophiae naturalis principia mathematica*. Les manuscrits déposés dans la malle par Newton ont été vendus aux enchères par ses descendants de la troisième génération. Ils ont été dispersés ; certains sont perdus ; une grande partie a été donnée à des bibliothèques.

## *Proposition 8*

# DU MOI-PEAU AU MOI-PENSANT

L'ESPRIT SE FAIT UNE IDÉE DES ÉTATS ET DES MOUVEMENTS QUI AFFECTENT LE CORPS ; CES IDÉES SONT AUSSI APPELÉES DES PENSÉES.

L'ESPRIT, OU APPAREIL MENTAL, S'ÉTAIE SUR LE MOI-PEAU POUR CRÉER UN APPAREIL À PENSER CES IDÉES (OU PENSÉES) : EN ABRÉGÉ, LE PENSER OU MOI PENSANT OU MOI-RÉALITÉ.

## *Commentaires*

*a* – L'esprit est une enveloppe immatérielle qui « embrasse » plus ou moins complètement le soi psychique, c'est-à-dire tout ce qui, dans l'espace-temps psychique, est vécu comme faisant partie de soi. Il est généralement préconscient. Il se situe dans l'espace psychique à l'intersection du moi-peau, du surmoi et de l'idéal du moi. D'où la difficulté de différencier les pensées qui viennent de l'intérieur, celles qui viennent de l'extérieur et celles qui, provenant du dehors, ont été intériorisées. Les pensées sont, à l'instar du langage, une réalité transsubjective indépendante de la pensée de chacun, tout en y étant enracinées. Un moi pensant ne penserait pas s'il n'avait pas été soumis dès le début de la vie à un bain de pensées.

*b* – Le rapport de l'esprit au moi tend à introjecter et à reproduire le rapport au bébé de l'enveloppe de soins (Brazelton, 1982) et de l'enveloppe narrative (Stern, 1993), respectivement assurées par les gestes et par les discours de l'environnement maternant. D'où deux niveaux de symbolisation : celui du sens (lié à l'expression corporelle) ; celui de la signification (lié au langage) ; et deux domaines du moi, le moi corporel et le moi psychique.

*c* – L'être humain pense d'abord avec les pensées d'autrui. Adulte, il continue plus ou moins de le faire. L'esprit est à la fois ce qui lui permet un certain accès aux pensées des autres et ce qui l'oblige à mouler ses pensées sur les leurs.

*d* – L'esprit comme enveloppe oscille entre deux positions extrêmes : trop serrée, trop lâche. L'esprit joue par là un rôle important dans la constitution d'un faux soi facilitant l'adaptation sociale. L'opposition distinctive en jeu est celle du faux-soi et du vrai-soi, ce dernier étant considéré comme lieu originaire de l'unité psychosomatique, de la conscience d'être un individu singulier et unique, du sentiment d'être habité par des mouvements affectifs internes (joie, extase, rage, etc.) à la fois vitaux et menaçants, mais par là, source de pensées « authentiques ». Le vrai-soi a une structure irradiante dont le centre est localisé au niveau du plexus solaire et du centre de gravité du corps.

*e – 1.* L'esprit attribue aux pensées des lieux d'origine variés, corporels et/ou psychiques : moi psychique, moi corporel, faux-soi, vrai-soi, surmoi, idéal du moi, moi idéal, soi-objets clivés, fragmentés, projetés dans des régions du monde extérieur, dans des organes internes du corps, dans les orifices de la peau. Pour Platon, par exemple, la tête est le siège de l'intelligence, le cœur celui du courage, le ventre celui des désirs.

*2.* L'esprit *se fait...* Sous l'influence de l'esprit, un moi pensant se développe et tend à s'autonomiser comme appareil à penser les pensées soit en les produisant activement, soit en les recevant passivement, soit en se dédoublant réflexivement pour en prendre conscience.

*3.* L'esprit se fait *une idée...* Idée est à entendre au sens large de tout contenu psychique. *Idea* en anglais, *Vorstellung* (représentation) en allemand. L'idée est caractérisée par sa double articulation au sensible et à l'intelligible.

*4.* L'esprit se fait une idée *des mouvements et des états qui affectent le corps* : doit être entendu au sens large, englobant actions, passions, sensations, perceptions, affections, imagination, humeur..., à un premier niveau ; sentiments d'existence, d'identité, de valeur personnelle..., à un second niveau, plus abstrait ; concepts, jugements, chaînes de raisonnements, à un troisième niveau, celui de la raison. Au premier niveau, l'esprit contient les pensées ; au second niveau, il les transforme ; au troisième, il vérifie leur cohérence et leur générativité.

*5.* L'appareil à penser les pensées (c'est-à-dire les idées des mouvements et des états qui affectent les corps, les idées de ces idées, les idées des états de l'esprit), ou penser tout court, remplit trois grandes fonctions : régulatrice, critique, créatrice.

*6.* Les pensées précèdent le penser. Elles ont besoin d'être pensées pour être reconnues comme pensées. Elles appellent la création de l'appareil à penser (la fonction crée l'organe). Le penser est la partie du moi à son intersection avec l'esprit qui cherche à connaître l'objet. Le premier objet est le corps, puis par analogie (au sens fort) avec le corps propre, les idées.

*7.* En résumé, toute pensée est pensée du corps : du corps propre, des autres corps ; le penser cherche à réunir ces pensées dans un corps de pensées. On retrouve là un des énoncés principiels de la psychanalyse : l'inconscient, c'est le corps.

*8*. Selon Winnicott (1958) l'esprit (*mind*, distinct du *self*) est l'intériorisation de l'enveloppe maternelle. L'esprit enveloppe le psychisme comme la mère a enveloppé le bébé de ses soins.

## *Proposition 9*

# TRIPLE INSCRIPTION DES ÉVÉNEMENTS PSYCHIQUES SUR LA PEAU, LE MOI, LE PENSER

LES ÉVÉNEMENTS PSYCHIQUES COMPORTENT UNE TRIPLE INSCRIPTION, SUR LA PEAU (FIGURATIVITÉ), DANS LE MOI (OPÉRATIVITÉ), DANS LE PENSER (GÉNÉRATIVITÉ).

## *Commentaires*

*a* – S. Freud (1895) a formulé l'hypothèse d'une *double* inscription des « événements » psychiques : une inscription préconsciente sous forme de représentations de mots qui permettent de dire ces événements en les déguisant éventuellement en ratés, en jeux verbaux ; une inscription inconsciente sous forme de représentations de choses (généralement visuelles, qui permettent de les mimer) (*figurativité*). Ces deux inscriptions sont « travaillées » (travail psychique du rêve, du deuil, de la création, du style) (*générativité*) ; la représentation y est liée à des affects si intenses et/ou si anciens que l'accès direct à la parole leur est barré.

*b* – Reprenant et développant les vues freudiennes, je fais l'hypothèse d'une *triple* inscription des faits psychiques : dans le corps (principalement sur la peau), dans le moi, dans le penser. Je recours à l'idée assez répandue qui fait du moi pour l'essentiel une métaphore du corps, plus particulièrement de la surface de celui-ci (ce que Freud appelle le moi-corps et que j'appelle le moi-peau), et à une autre idée, plus singulière : le penser serait pour l'essentiel une métonymie du moi (ce que j'appelle le moi pensant) : à ces trois niveaux d'abstraction et de complexité, la peau, le moi, le penser, ce dernier fait correspondre des séparations et des emboîtements de niveaux de symbolisation (*cf.* proposition 16) qui sont caractérisés par des logiques propres : locales, régionales, voire à visée universelle.

*c* – Les critères d'une pensée logique sont sa cohérence interne (transposition dans le penser de la double consistance du corps maintenu par la peau et du psychisme maintenu par le moi) et la maîtrise active (*opérativité*) qu'elle permet sur le monde externe (transposition de la fonction de pare-excitation du moi-peau et de celle de maîtrise du surmoi sur le moi). Le penser est une action différée sur le monde : il est opérant s'il y réussit.

## *Proposition 10*

## ENVELOPPE-PEAU ; ENVELOPPE-MOI ; ENVELOPPE-PENSÉE

L'ENVELOPPE-MOI S'ÉTAIE SUR L'ENVELOPPE-PEAU ; L'ENVELOPPE-PENSÉE S'ÉTAIE SUR L'ENVELOPPE-MOI.

### *Commentaires*

*a* – Le moi et le penser tendent à contenir ; le premier : les processus et les produits psychiques (sensations, affects, symptômes, rêves, etc.) ; le second : les actes logiques (conceptualisation, jugement, raisonnement, communication, etc.), sans y arriver ni toujours ni complètement.

*b* – Trop rigide, le contenant paralyse ses contenus ; par exemple un affect de haine étouffé peut déclencher une crise d'asthme. Trop relâché, le contenant ne retient pas les contenus : ce sont l'hémorragie narcissique, l'angoisse du vidage, en rapport avec un moi-éponge ou un moi-passoire. L'alternance de ces deux configurations du moi sous-tend l'alternance boulimie-anorexie.

*c* – Les insuffisances des contenus peau, moi, penser suscitent des appels à des prothèses, des substitutifs ; par exemple, vêtements serrés au corps, surmoi rigide, pensée close sur elle-même.

## Proposition 11

# RÉFLEXIVITÉ DE LA PEAU, DU MOI, DE LA PENSÉE

LA RÉFLEXIVITÉ DE LA CONSCIENCE ET DU PENSER A SON ORIGINE LOINTAINE DANS CELLE DE LA PEAU.

## Commentaires

*a* – La sensibilité tactile a une structure double : biface et réversible. Une face renseigne sur les objets extérieurs, l'autre face sur l'appareil mental : telle zone de la peau peut être à la fois sujet et objet d'un contact ; ainsi le nourrisson s'exerce-t-il à toucher du doigt son nez ou de la bouche l'orteil de son pied. Sur ce modèle tactile réfléchi se développent les autres sensibilités réfléchies du moi-peau : se voir, s'entendre, se humer, se goûter, et enfin la réflexivité de la pensée verbale : le code linguistique est le seul qui peut se penser lui-même ; le verbe se conjugue selon trois modes : actif, passif, réfléchi.

*b* – Le moi-peau exerce la fonction principale d'interface entre le psychisme et le monde. Il cherche à se renforcer en doublant soit sa face interne (seconde peau musculaire) soit sa face externe (enveloppe narcissique idéalisée). Ce qui se traduit respectivement par une pensée rigide, dogmatique, fanatique, ou par une pensée brillante, séduisante, individualiste.

## *Proposition 12*

# DE LA REPRÉSENTATION AU CONCEPT

LES IDÉES DU PREMIER DEGRÉ, OU REPRÉSENTATIONS, SONT RÉGIES PAR LE PRINCIPE DE PLAISIR/DÉPLAISIR. L'ESPRIT PRÉFÈRE NORMALEMENT PENSER À DES IDÉES AGRÉABLES ET ÉCARTER DE LA CONSCIENCE LES IDÉES DÉSAGRÉABLES – SAUF MASOCHISME IMPORTANT. LES IDÉES DU SECOND DEGRÉ (OU CONCEPTS) SONT RÉGIES PAR LE PRINCIPE DE RÉALITÉ ; L'ESPRIT PENSE ALORS EN TERMES DE VRAI OU FAUX, NON PLUS DE PLAISIR/DÉPLAISIR.

## *Commentaires*

*a* – Le degré de gravité de la pathologie mentale peut être mis en parallèle avec le degré d'investissement des idées désagréables : sentiments névrotiques de culpabilité, dépression narcissique, effondrement mélancolique…

*b* – Les qualités du plaisir psychique varient avec l'instance dominante : plaisir de la vérité (idéal du moi) ; plaisir de la punition (surmoi) ; plaisir de l'auto-glorification/dépréciation (moi idéal) ; plaisir de l'auto-destruction des idées désagréables et des organes qui les produisent (psychose).

*c* – L'esprit procède à une arithmétique des plaisirs/déplaisirs (J.S. Mill, 1863) selon leur qualité pulsionnelle et sublimatoire : « Mieux vaut être un Socrate malheureux qu'un pourceau ignorant. »

*d* – Un intense plaisir d'esprit peut contrebalancer une douleur physique ou une souffrance psychique (la rage de dents de Pascal et sa découverte de la surface de la cycloïde).

## *Proposition 13*

# MOI-PENSANT ET LOGIQUE

LE MOI-PENSANT EST ENGENDRÉ PAR L'INTERACTION DU SURMOI (LES RÈGLES), DE L'IDÉAL DU MOI (LES VALEURS), ET DU MOI-CORPS (LES SCHÈMES). À SON TOUR, LE MOI-PENSANT, PAR UNE RÉACTION CIRCULAIRE, CONTRIBUE AU DÉVELOPPEMENT DE LA LOGIQUE.

## *Commentaires*

*a* – Un surmoi global est le premier interlocuteur interne du moi-peau. Sami-Ali (1990) l'a décrit comme un surmoi corporel global. Puis le moi-peau se différencie en un moi corporel et un moi psychique, auquel s'oppose un surmoi moral. Enfin, au moi pensant vient s'articuler un surmoi logique. Ce sont les trois interfaces d'un même surmoi : interfaces corporel, moral, logique, auxquels répondent trois types de perversions : morales, sexuelles, logiques.

*b* – Il y a trois conceptions complémentaires/conflictuelles de la logique : une conception *opérative* (est vraie toute pensée qui produit une action réussie), une conception *figurative* (est vraie toute pensée qui imite la réalité, qui se moule sur elle), une conception *générative* (est logique tout ensemble de règles génératives d'objets épistémiques, c'est-à-dire permettant leur construction/déconstruction).

## Proposition 14

# IDENTIFICATION, PROJECTION ET CONSTITUTION DE L'OBJET ÉPISTÉMIQUE

L'OBJET ÉPISTÉMIQUE EST INSTAURÉ PAR LE MOI-RÉALITÉ SELON UN DOUBLE PROCESSUS COMPLÉMENTAIRE DE PROJECTION ET D'IDENTIFICATION GÉNÉRALISÉES ET SELON LE CLIVAGE DU MOI-RÉALITÉ EXTERNE ET DU MOI-RÉALITÉ INTERNE.

## Commentaires

*a* – Entre 1893 et 1896 Freud ébauche la conceptualisation de plusieurs grands mécanismes de défense : la conversion somatique du quantum d'affects excessif (hystérie), la fixation sur un objet de l'angoisse intolérable (phobie), le refoulement primaire et secondaire de la pensée inacceptable avec déplacement de l'objet et sentiment de culpabilité (névrose de contrainte ou obsessionnelle), la négation de la réalité inacceptable (hallucination), la projection dans autrui de la pensée et de l'affect inacceptables (paranoïa : cité pour la première fois dans le manuscrit *H* envoyé à Fliess en janvier 1895), l'absence de mécanisme de défense, caractéristique de la perversion.

En mai 1897 le manuscrit *M* propose une élaboration complémentaire, relative au type d'association d'idées prévalant chez le patient (par contiguïté dans l'hystérie, par ressemblance dans l'obsession, par causalité dans la paranoïa). Freud reproduit la classification de Hume (1748), qui avait ajouté l'association cause/effet aux deux autres connues : par contiguïté dans le temps et/ou l'espace, par similitude/contraste. Il ajoute que la paranoïa est un trouble et une preuve de la pensée causale primaire.

Ainsi l'être humain en général dispose-t-il de trois grands processus épistémiques : penser par voisinage (pensée syncrétique) ; pensée identificatrice (pensée par assimilation entre elles d'abord des perceptions puis des idées) ; pensée causaliste (attribution de la cause des événements d'abord aux intentions d'autrui, puis aux lois naturelles). Freud n'a pas repris dans la suite de son œuvre cette distinction, peut-être trop simple, mais qui a l'avantage de mettre en évidence trois grandes démarches du penser : par continuité, par identité, par extériorité.

*b* – La relation paranoïaque (dont le prototype est le délire à deux) fournit ainsi à Freud une théorie de la projection que je propose d'appeler restreinte. La lettre à Fliess du 12 décembre 1897 (peu après la découverte du complexe d'Œdipe) ouvre la voie à une théorie de la *projection généralisée*, qui sera publiée dans *Psychopathologie de la vie quotidienne* (1901), reprise dans *Totem et Tabou* (1912-1913) et au début de *L'Inconscient* (1915) : les mythes, les légendes, les croyances religieuses, les superstitions sont des « psychologies projetées », des projections dans le monde extérieur de notre « obscure perception interne » de l'« appareil mental ». L'être humain comprend les événements externes à partir de son expérience interne de la conscience, de sa perception, de ses représentations, de ses sentiments, de ses intentions. C'est, dirions-nous, le degré zéro de la connaissance.

*c* – L'intuition syncrétique, confuse mais foncière, d'être/avoir une conscience assure le penser de l'unité des choses et des êtres. La projection est la forme originaire de l'intelligibilité. D'où la vision du monde animiste. D'où les expériences célèbres à la Renaissance pour tester si les Indiens, les femmes, les chiens avaient une âme.

Avec les progrès de l'expérience et de la structuration concomitante du moi conscient, administrateur de l'épreuve de réalité externe (*cf.* la « spirale interactive » de l'expérience et de la conscience), le moi retire peu à peu la projection-antenne-pseudopode de pans entiers de la réalité, renonce là à la fusion syncrétique des pensées, des mots et des choses, distingue réalité interne et externe, accepte la dialectique identité/altérité, accède à un troisième mode d'intelligibilité où tout être – inanimé, vivant, humain – devient explicable dans sa différence et selon ses lois propres.

*d* – « La conscience ne permet à chacun de nous que la connaissance d'états physiques qui nous sont propres ; qu'un autre être humain ait aussi une conscience est une conclusion que l'on tire *per analogiam*, pour nous rendre compréhensible son comportement à partir de la perception de ses dires et de ses actes. (Une description plus exacte du point de vue psychologique est bien entendu de considérer que nous attribuons, sans plus y réfléchir, notre propre constitution à tout être autre que nous-même, et donc aussi notre conscience, et que cette identification conditionne notre compréhension.) Cette conclusion – ou cette identification – a jadis été étendue par le moi aux autres humains, aux animaux et aux plantes, à l'inanimé et à l'ensemble du monde, et s'est révélée utilisable tant que la ressemblance avec le moi individuel était très frappante, mais elle devint d'autant moins sûre que l'autre s'éloignait du moi. Aujourd'hui notre esprit critique se montre déjà incertain quant à la conscience des animaux, se refuse à admettre celle des plantes, et renvoie à la mystique l'hypothèse d'une conscience pour l'inanimé. » (Freud, *L'Inconscient,* 1915, trad. Michèle Pollack-Cornillot, 1990, p. 480.)

*e* – La conséquence de cette structure et de sa psychogenèse est l'*identification généralisée* – c'est-à-dire la projection de la qualité d'être conscient à tous les êtres et la croyance en la possibilité de dialoguer avec n'importe quel autre pour le comprendre et se faire comprendre de lui. L'épreuve de réalité que le moi grandissant apprend à effectuer inaugure une nouvelle étape, celle de l'identification *restreinte* aux seuls êtres sentant, agissant et parlant. Il faut d'abord croire que tout être a une conscience pour savoir distinguer lesquels en ont et lesquels n'en ont pas ou très peu. L'animisme, plus tard tant décrié, reste la toile de fond sur laquelle émerge et se fonde la conscience qu'il y a des êtres conscients (*cf.* l'*Aufhebung* hegelienne : nier, conserver, dépasser) ; ils sont comme moi qui suis comme eux. Cette réciprocité n'est pas toutefois parfaite : j'ai – dit Freud – une meilleure conscience de la vie mentale d'autrui que de la mienne (à cause des refoulements et des résistances inconscientes). Il y a donc une – et même plusieurs – « conscience(s) inconsciente(s) » : une conscience étrangère hors de moi (la conscience d'un étranger), une « conscience étrangère » en moi (la conscience d'une étrangeté). D'où les paradoxes de la psychologie du couple ; le couple est d'abord une réalité psychique externe.

## *Proposition 15*

# CLIVAGE DE L'OBJET ÉPISTÉMIQUE ET INACHÈVEMENT DE LA CONNAISSANCE

LE PREMIER ACTE DE L'ESPRIT VISANT LA CONNAISSANCE D'UN OBJET OU D'UN CHAMP ÉPISTÉMIQUE EST LE CLIVAGE (DE CET OBJET, DE CE CHAMP, DE LA DÉMARCHE ÉPISTÉMIQUE CHOISIE PAR L'ESPRIT). LE PREMIER CLIVAGE DU MOI PENSANT SERAIT CELUI DE L'AFFIRMATION ET DE LA NÉGATION. IL S'ENSUIT QU'UN ÊTRE, UNE CATÉGORIE OU UN GROUPEMENT D'ÊTRES NE PEUVENT PAS ÊTRE CONNUS DANS LEUR TOTALITÉ, EN RAISON MÊME DE LA STRUCTURE DE LA CONNAISSANCE. EN UN PREMIER TEMPS, LA PART D'INCONNU PEUT ÊTRE MISE EN DÉPÔT À LA PÉRIPHÉRIE DU MOI PENSANT. DANS UN SECOND TEMPS, L'ESPRIT DÉPASSE LE CLIVAGE ET RECOURT À LA CATÉGORIE DE L'INTERMÉDIAIRE EN VUE D'ÉTABLIR UN « PONT » ENTRE LA PART RECONNUE ET LA PART CLIVÉE ET DÉPOSÉE.

## *Commentaires*

*a* – Chercher à savoir, c'est d'abord cliver ce qu'il y a de bon et de mauvais dans cet objet. C'est ensuite cliver le champ épistémique auquel appartient cet objet entre une partie rendue connaissable, et donc familière, par la méthode employée, et un reste non connaissable, représenté comme un inquiétant inconnu. L'esprit ne peut opérer ces clivages (bon/mauvais ; familiarité/étrangeté) qu'en se clivant lui-même ou qu'en étant clivé en retour par l'objet (*cf.* la refente du sujet, selon Lacan, 1966).

*b* – De même que Freud a constaté le clivage du moi affronté à la poussée des désirs et à la résistance des choses et a dédoublé le concept de moi en moi-réalité et moi-plaisir, de même il semble nécessaire de parfaire la distinction freudienne en introduisant un clivage supplémentaire du moi-réalité en un moi-réalité externe et un moi-réalité interne. Cette distinction est acquise progressivement par l'être humain. Le besoin d'unité du savoir est tellement fort que tantôt la réalité externe est conçue sur le modèle de la psychologie de l'esprit (superstition, syncrétisme, etc.), tantôt le fonctionnement de l'appareil mental est modelé sur les appareils analogiques et sur la pensée rationnelle qui les fonde (neurosciences, cognitivisme, etc.).

*c* – Ce double clivage symétrique, celui de l'objet et celui de l'esprit, engendre de nouveaux clivages : entre l'esprit et l'objet pensé, entre le sentiment d'un dedans et celui d'un dehors. Peut apparaître alors une nouvelle opération épistémique, mettant en jeu un processus tiers, celui de l'intermédiaire : le corps est à la fois dedans et dehors ; il fonde l'aire transitionnelle (Winnicott, 1971). L'esprit a un corps qui se meut au contact des autres corps, les uns animés, les autres inanimés. Le corps est ce qu'il y a de plus profond dans l'esprit. L'esprit se construit sur son expérience du corps.

*d* – Au clivage s'oppose une tendance qui cherche à accomplir la fusion de l'objet dans le sujet et du sujet dans l'objet (inclusion réciproque, selon Sami-Ali, 1974). Ainsi toute activité de connaissance est-elle conflictuelle dans sa base même. On retrouve là un des énoncés principiels de la psychanalyse : tout ce qui est psychique est conflictuel.

*e* – Ces clivages originaires du penser ont une structure fixe (penser, c'est cliver) et des limites fluctuantes. Ce qui est bon, familier, interne selon un point de vue (le « vertex » de Bion, 1962) s'inverse en mauvais, en étrange, en externe, selon un autre point de vue (*cf.* le renversement perpétuel du pour au contre cher à Pascal). De ces clivages fondamentaux dérivent des divisions catégorielles (qui ne sont plus des clivages) : par exemple relatif à soi/relatif à l'objet, ou : mien/non mien.

*f* – Si l'objet est présent, l'esprit a tendance à la fusion de l'objet épistémique avec l'objet libidinal : cette fusion le comble et le dispense de penser. Le penser naît de l'absence de l'objet : le bon objet n'est plus là, sa présence manque au dehors (*cf.* le non-sein selon Bion, 1962), il fait défaut (*cf.* le défaut fondamental de Balint, 1968) ; l'esprit essaie de s'en faire une idée au dedans. L'absence de l'objet est anéantissement du sujet, son vidage, voire son agonie. Ce négatif est déposé à la périphérie du moi-pensant.

*g* – Par exemple : la dévalorisation de la psychanalyse par les théoriciens des communications paradoxales (école de Palo-Alto) et par ceux de l'attachement (Bowlby, 1969) leur sert à trouver un repoussoir, un tremplin à leurs propres conceptions. L'exemple inverse est fourni par la révolution interne au CEFFRAP, optant pour une psychanalyse de groupe, rejetant la psychosociologie et l'observation empirique, accusées de confondre le manifeste et le latent.

## *Proposition 16*

# LE DOUBLE INTERDIT DU TOUCHER

LE PASSAGE DU MOI-PEAU AU MOI-PENSANT S'EFFECTUE PAR LE DOUBLE INTERDIT DU TOUCHER.

## *Commentaires*

*a* – L'enfant doit renoncer à être porté chaque fois qu'il en a envie ; il doit se porter lui-même. Se blottir peau à peau contre un parent ou un tenant-lieu n'est plus permis que dans certaines circonstances passagères. C'est le premier niveau de l'interdit : tu ne dois plus fusionner avec le corps, avec la peau, avec le moi, avec les pensées des autres. L'enfant doit s'arracher au fantasme d'un peau commune avec la mère ou l'objet maternant pour acquérir sa propre peau, son propre moi, sa propre pensée.

*b* – Le second niveau de l'interdit prohibe les gestes d'emprise, dans la mesure où ils peuvent être égoïstes ou violents : tu ne prendras pas un objet qui ne t'appartient pas ; si tu as la permission de le prendre, tu ne le casseras pas ; tu demanderas qu'on te le donne au lieu de t'en emparer ; tu ne feras pas de mal à autrui en le touchant rudement.

*c* – La mise en acte des désirs et des besoins est suspendue à la mise en parole. La mise en parole est suspendue à la mise en pensée. À chaque niveau, la réflexivité des opérations est conservée, transférée, transformée.

*d* – Le double interdit du toucher vise la pulsion d'attachement : tu perdras l'attachement des tiens si tu les blesses, eux et leurs biens ; tu ne dois pas rester trop attaché aux figures infantiles. Il correspond à ce qu'est le double interdit œdipien pour la pulsion libidinale ; l'enfant ne mordra pas, ne mangera pas ceux qu'il aime (premier niveau, cannibalique) ; le garçon ne tuera pas son père et n'épousera pas sa mère ; l'inverse pour la fille (second niveau, génital).

## *Proposition 17*

# PENSÉE PAR IMAGE, PENSÉE PAR SCHÈME

Il y a une pensée concrète par image et une pensée abstraite par schème. Elles dérivent respectivement de l'image du corps et du schéma corporel.

## *Commentaires*

*a* – L'*image du corps* (Schilder, 1950) est une réalité psychologique ; c'est la projection de fantasmes (par exemple cannibaliques) et d'imagos (par exemple la mère au pénis) sur le corps propre, sa surface, ses orifices, voire ses organes internes. Le *schéma corporel* est une réalité neurologique, qui organise l'équilibre d'ensemble et la motricité du corps selon principalement trois dimensions globales (verticalité, latéralité, profondeur) et de multiples sous-schémas locaux. Ce schème général fournit le cadre dynamique (G. Pankow, 1977) dans lequel opèrent des schèmes locaux : le schéma corporel est le schéma de tous les schémas (Sami-Ali, 1974).

*c* – Le moi mêle, dans des formations de compromis (le rêve, le symptôme, etc.), les dimensions du figuratif (les images) et de l'opératif (les schèmes dynamiques). S. Tisseron (1993) a ébauché l'étude de leurs interférences.

*d* – Les images du corps organisent des substitutions métaphoriques (un pin à la place d'une verge) pouvant aller jusqu'à des séries d'équivalences des différents contenus à l'intérieur d'un même contenant : par exemple, fèces, fœtus, pénis, argent, dans le ventre maternel. Les schèmes moteurs actifs au niveau du corps sont ressentis comme processus au niveau du moi-peau de façon préconsciente ; ils sont rendus conscients au niveau de la pensée logique sous forme de systèmes de transformation opérant par et sur des signes (par exemple, alphabet, chiffres...) et se développent en complexité croissante (système de systèmes, arborescence...). Le travail de transformation (qui recourt à la métonymie) est plus difficile que celui de la sériation substitutive (qui repose sur la métaphore).

*d* – Les créations importantes conjuguent de façon singulière le travail de l'image et le travail du schéma, en articulant corps et code (*cf.* les contes de Borges).

## *Proposition 18*

# CINQ NIVEAUX DE SYMBOLISATION

IL Y A CINQ NIVEAUX DE SYMBOLISATION, À CHACUN D'ENTRE EUX CORRESPOND UNE LOGIQUE PARTICULIÈRE : LOGIQUE DES QUALITÉS SENSIBLES, LOGIQUE SPATIALE ET DES FORMES, LOGIQUE DES RELATIONS, LOGIQUE TEMPORELLE ET DES MOUVEMENTS, LOGIQUE ABSTRAITE.

## *Commentaires*

Dans ses *Mythologiques*, Claude Lévi-Strauss classe les mythes d'après la complexité croissante des problèmes qu'ils traitent (*cf.* C. Lévi-Strauss, D. Eribon, *De près et de loin*, 1988, p. 189).

*a* – Un premier niveau, correspondant au premier volume, *Le cru et le cuit* (1964), concerne « des oppositions entre des qualités sensibles : cru et cuit, frais et pourri, sec et humide, etc. » J'ajouterai : doux et rugueux, solide et mou, chaud et froid, clair et obscur... Selon moi, cette logique des sensations (ou des qualités) construite par la pensée naissante appelle les compléments suivants : *1.* elle organise les qualités tactiles comme toile de fond sur laquelle les autres qualités sensibles émergent comme figures (*cf.* par exemple l'expression « contacter par téléphone » qui rattache des sensations auditives à une sensation tactile) ; *2.* elle établit des correspondances entre des paires de termes opposés propres à un organe des sens et des oppositions propres à un (ou plusieurs) autre(s) organe(s) des sens (*cf.* le sonnet de Baudelaire sur les correspondances entre nos sensations et celui de Rimbaud sur la couleur des voyelles) ; *3.* elle rattache à un même objet (d'abord la mère) les diverses catégories de sensations qui sont alors reconnues comme émanant d'elle et non de personnes distinctes ; la perception de l'unité de l'objet rend possible l'acquisition de sa constance ; c'est le premier consensus, au sens étymologique d'accord des sensations entre elles. D'où la « consensualité » spatiale et la synchronisation temporelle ; d'où la construction d'un « sens commun », sixième sens commun aux cinq autres ; d'où l'acquisition d'un nouveau type d'oppositions : veille-sommeil, animé-inanimé... Ainsi la logique des sensations comprend-elle (sans prétendre être exhaustif) comme opérations mentales l'opposition binaire, la correspondance terme à terme, la constance de l'objet.

*b* – Le second volume de C. Lévi-Strauss, *Du miel aux cendres* (1967), évoque des mythes où cette logique des qualités sensibles cède peu à peu la place à « une logique des formes : vide et plein, contenant et contenu, interne et externe, etc. ». De cette logique de la morphogenèse relèvent notamment ce que j'ai appelé les signifiants formels (par exemple, tel patient sent son corps comme une algue qui flotte entre deux eaux, sa peau se rétrécit jusqu'à disparaître) et que Rosolato dénomme signifiants de démarcation ; il ne s'agit plus seulement d'opposition et de constance, mais de formes exposées à des changements qui peuvent les produire ou les détruire. Les « représentants de transformation » dont Gibello a élaboré la notion entrent dans cette catégorie.

*c* – Le troisième volume de C. Lévi-Strauss, *L'origine des manières de table* (1968), « traite des mythes qui, au lieu d'opposer des termes, opposent les manières différentes selon lesquelles ces termes viennent s'opposer entre eux : ils peuvent être conjoints, ils peuvent être aussi disjoints. Comment, s'interrogent les mythes, s'opère le passage d'un état à l'autre ? » Je pense qu'à l'opposition d'un nouveau type conjonction-disjonction on peut adjoindre d'autres oppositions : semblable-différent, fermé-ouvert…

*d* – Nous sommes restés jusque-là dans le domaine des représentations spatiales. Mais à côté des transformations immédiates, la pensée construit des transformations qui demandent du temps et qui introduisent à une logique du mouvement. Lévi-Strauss en voit le prototype dans les mythes qui racontent un voyage en pirogue : « Au fur et à mesure que le voyage progresse, le proche s'éloigne et le lointain se rapproche ; quand on arrive à destination, les valeurs initiales des deux termes se trouvent inversées : le voyage a pris du temps ; la catégorie du temps s'introduit ainsi dans la pensée mythique comme moyen nécessaire pour faire apparaître des relations entre d'autres relations déjà données de l'espace. » À mon avis, ce quatrième niveau logique introduit la pensée aux classifications ternaires (avant, pendant, après, etc.), aux scénarios dramatiques ou romanesques, aux processus dialectiques (thèse, antithèse, synthèse).

*e* – Un cinquième niveau n'est pas abordé par C. Lévi-Strauss, celui de la pensée dite logique (conceptualisation et raisonnement), pour la raison qu'elle échappe aux mythes. Elle se présente sous deux formes, une forme iconique (où elle s'exprime en images généralement visuelles et où la métaphore joue un rôle important) et une forme abstraite (construisant des formalisations et des opérations sur ces formalisations et où la démarche est métonymique).

## *Proposition 19*

# LE SCHÈME, INTERMÉDIAIRE ENTRE LA SENSIBILITÉ ET L'ENTENDEMENT

LE SCHÈME EST L'INTERMÉDIAIRE ENTRE LA REPRÉSENTATION-IMAGE D'UN OBJET PAR LA SENSIBILITÉ ET LA REPRÉSENTATION ABSTRAITE D'UN CONCEPT PUR PAR L'ENTENDEMENT. IL CORRESPOND AU NIVEAU 2 DE SYMBOLISATION (*CF.* PROP. 18).

## *Commentaires*

*a* – Le mot de schème a désigné d'abord une figure de style puis une figure géométrique : c'est une notion commune au penser verbal et au penser spatial. Il a été introduit en philosophie par Kant (1781-1787), repris par Bergson (1919) (le schème dynamique) et par Piaget (1947) (les schèmes sensori-moteurs sont selon lui les soubassements des schèmes intellectuels).

*b* – Le schème possède une double articulation au sensible et à l'intelligible. Il doit être homogène d'un côté à la catégorie, d'un autre côté au phénomène ; c'est le schème « transcendantal » (Kant, 1781-1787, p. 884-891). Le schème est « le concept sensible d'un objet, en accord avec la catégorie ». Kant en donne deux exemples :

> « Un objet est contenu *sous* un concept. Ainsi le concept empirique d'une *assiette* a de l'homogénéité avec le concept géométrique pur d'un *cercle*, puisque la forme ronde qui est pensée dans le premier se laisse intuitionner dans la seconde. »
>
> « [...] quand je place cinq points l'un après l'autre..., c'est là une image du nombre cinq. Au contraire, quand je ne fais que penser un nombre en général, qui peut être cinq ou cent, cette pensée est plus la représentation d'une méthode pour représenter, conformément à un certain concept, un ensemble (par exemple mille), que cette image même, que dans le dernier cas il me serait difficile de parcourir des yeux, de comparer au concept. Or c'est cette représentation d'un procédé général de l'imagination pour procurer à un concept son image que j'appelle le schème pour ce concept. »
>
> « Les schèmes ne sont pas autre chose que des *déterminations du temps a priori* d'après des règles ; et ces déterminations, suivant l'ordre des catégories, concernent la *série du temps*, le *contenu du temps*, l'ordre du temps et l'ensemble du temps par rapport à tous les objets possibles. »

*c* – Toujours selon Kant, le schème pur de la grandeur est le nombre. Le schème pur de la substance est la permanence du réel dans le temps. Le schème pur de la cause est la succession du divers en tant qu'elle est soumise à une règle. Le schème pur de la causalité réciproque est la simultanéité des substances et la simultanéité des déterminations de l'une avec celles de l'autre suivant des règles générales.

Kant évoque encore les schèmes de la possibilité, de la réalité, de la nécessité, de la relation, de la modalité.

*d* – En résumé, les objets et les phénomènes relèvent de la « *sensibilité* » (c'est-à-dire des organes des sens), qui en fournit des représentations (*Vorstellung*). Les *schèmes* n'existent pas dans la réalité mais dans l'esprit ; ils relèvent de l'imagination. Les concepts relèvent des catégories du jugement et de l'entendement[1].

1. La prise en compte des conditions d'apparition des premières images psychiques a amené Serge Tisseron à faire une grande place à l'existence de schèmes sensori-moteurs où sont encore mêlées représentations d'objets et représentations d'action. Selon lui, cette approche ne contredit en rien l'approche traditionnelle que la psychanalyse propose des images (et en particulier des fantasmes) du point de vue des investissements libidinaux objectivaux et narcissiques. Elle vise seulement à montrer que les images psychiques ont *aussi* d'autres fonctions que celles qui sont habituellement prises en compte. Et qu'elle mêlent constamment des aspects liés à la mise en scène des désirs, conscients et inconscients, et des aspects liés à celle des schèmes dynamiques du fonctionnement psychique. Le chapitre correspondant, déjà rédigé par Serge Tisseron avant la parution de mon présent livre *Le Penser*, m'a été donné pour lecture et avis dès le milieu de l'année 1993. L'argumentation de S. Tisseron qui confronte la notion de « signifiant formel » à celle des « schèmes kantiens » pour en dégager une nouvelle définition de « schèmes de base du fonctionnement psychique » m'a paru suffisamment convaincante pour que j'en publie une partie dans l'ouvrage collectif sous ma direction, *Les contenants de penser* (1993), en attendant la publication complète de l'ouvrage à venir de S. Tisseron sur *Les Images mentales* (Dunod, 1995).

## *Proposition 20*

# TRANSPOSITION DES SCHÈMES SENSORI-MOTEURS EN SCHÈMES DE PENSER

CHACUNE DES FONCTIONS DU MOI-PENSANT TRANSPOSE DES SCHÈMES SENSORI-MOTEURS DU MOI-PEAU EN SCHÈMES DE PENSÉES.

### *Commentaires*

Les six premiers schèmes ou groupes de schèmes sensori-moteurs en question sont respectivement :

*1*. pour la consistance : les expériences d'un polygone de sustentation, d'un centre de gravité interne, d'une source irradiante, d'un élan de redressement du corps ;

*2*. pour la contenance : l'expérience d'enveloppement statique du corps par la peau et les vêtements ; l'expérience dynamique d'une enveloppe de soins maternants, d'un bain de paroles et de sonorités, d'une enveloppe d'histoires ;

*3*. pour la constance : l'expérience de « barrières de contact » ouvertes/fermées, celle du jeu de la bobine, celle d'un capteur/détenteur d'énergie, d'un « corps » protecteur (commun au corps maternel et au corps propre) ;

*4*. pour la signifiance : les expériences de traces involontaires, de signaux intentionnels, d'inscriptions de signes (avec leur double articulation au signifiant et au signifié) : dessiner, lire, écrire, compter ;

*5*. pour la concordance : les expériences des schèmes de transformation selon des catégories ou des codes ; renvoi en miroir, perspective, convergence, résonance sonore et visuo-tactile, sériation, classification en systèmes de correspondance…

*6*. pour l'individuation : les expériences d'assemblage, de synthèse, de totalisation des parties, puzzles…

## *Proposition 21*

# ATTAQUES CONTRE LA PEAU, LE MOI, LE PENSER

LES PULSIONS DE MORT SE MANIFESTENT PAR DES ATTAQUES SPÉCIFIQUES CONTRE LA PEAU, CONTRE LE MOI, CONTRE LE PENSER.

## *Commentaires*

*a* – Les dermatoses provoquées et/ou entretenues par grattage inversent les plaisirs de peau en excitation douloureuse, insoluble dans une décharge satisfaisante et d'autant plus pénible qu'elle est sans fin.

Il y a une correspondance entre la profondeur de l'atteinte du moi (c'est-à-dire des failles narcissiques) et la profondeur de l'atteinte de l'épiderme.

*b* – Les fantasmes d'arrachage de la peau commune avec la mère et/ou de sa propre peau accomplissent les attaques sado-masochistes du surmoi contre la sécurité narcissique de base, fournie par l'appropriation d'un contenant corporel et psychique.

*c* – Les attaques contre les sensations douloureuses éprouvées par le moi se manifestent à trois niveaux de gravité croissants : effacement de la sensation, suppression de la fonction perceptive qui apporte cette sensation, destruction de l'organe des sens responsable de cette perception. Les portraits du peintre Bacon illustrent la progression de ces attaques.

*d* – Les attaques contre les activités du penser menacent l'élaboration des contenus de pensée (idée fixe, pensées toutes faites en « prêt à porter », etc.), la communication des contenus de pensée (disqualification, paradoxalité), le maniement des contenants de pensées (dysharmonies cognitives, retards du raisonnement, fuite des idées).

*e* – Le penser a du mal à maintenir la concentration de pensée sur l'objet épistémique pour connaître comment il fonctionne et s'articule à d'autres objets. Cette concentration subit des attaques du moi (en raison des fluctuations de l'attention), du surmoi (dénonçant dans le désir de savoir une curiosité malsaine), du ça (qui réclame la satisfaction immédiate des désirs). Penser, c'est apprendre à résister à ces attaques.

## *Proposition 22*

# DE LA DESCRIPTION À LA DÉFINITION DE L'OBJET ÉPISTÉMIQUE

LE MOI-PEAU INVESTIT ET PERÇOIT DES OBJETS CONCRETS, PRÉSENTS. PUIS, EN LEUR ABSENCE, IL PEUT SE LES REPRÉSENTER ET DÉCRIRE CES REPRÉSENTATIONS. LE MOI-PENSANT, PAR UN EFFORT DE RÉFLEXION, COMPARE ET CLASSE CES REPRÉSENTATIONS ET ÉLABORE DES OBJETS ABSTRAITS OU CONCEPTS PERMETTANT D'ÉNONCER DES JUGEMENTS (*CF.* PROPOSITION 12). À LA DESCRIPTION PAR LE MOI-PEAU DE L'OBJET CONCRET CORRESPOND, À UN NIVEAU D'ABSTRACTION PLUS ÉLEVÉ, ET PAR DES SCHÈMES INTERMÉDIAIRES, LA DÉFINITION PAR LE MOI-PENSANT D'UN CONCEPT.

LES ORIGINES CORPORELLES DE LA DESCRIPTION DES REPRÉSENTATIONS SE RETROUVENT DANS LA DÉFINITION DES CONCEPTS.

## *Commentaires*

*a* – Le travail de définition consiste à identifier ces trois éléments : un noyau solide de compréhension, une clôture ouverte ou fermée délimitant un champ d'extension à la fois souple et ferme et enfin un tissu comprenant d'éventuels réseaux d'interrelation faisant le lien entre la compréhension et l'extension.

*b* – Toute définition est résultat et source de conflits épistémiques internes au moi-pensant.

La définition institue un état d'équilibre quasi stationnaire par un processus analogue à celui de la formation de compromis exercée par le moi-peau ; elle opère un arrêt plus ou moins provisoire dans la dynamique du conflit cognitif.

*c* – Une définition suppose une théorie préalable de l'objet épistémique. C'est la définition terminale. La définition peut être placée au début ou à la fin de la démonstration selon qu'elle suit l'ordre chronologique de la découverte ou l'ordre synchronique de l'exposé.

La théorie préalable est généralement explicite mais elle reste infiltrée par des théories infantiles implicites : sexuelles, sociales, médicales, funéraires, etc.

*d* – Toute définition cherche à combler un manque, un inconnu, qui ont tendance à faire retour et à mettre en question la définition. Toute définition comporte un trou, un manque, un vide, une absence, qui signifie l'inachèvement de tout savoir. Le texte s'organise autour d'un blanc (Blanchot) (*cf.* les chevilles trouées d'Œdipe, ou l'horreur du vide selon Pascal).

*f* – Il y a des définitions prospectives préalables à l'étude des « corps » dans un domaine donné. Elles sont exposées au « travail du négatif » (A. Green, 1993) au cours de la recherche. Les définitions terminales, conclusives, résultent du travail de récapitulation et s'exposent au travail de l'indéfinitif.

## *Proposition 23*

# DU CORPS AU NOM : DÉFINIR

DÉFINIR CONSISTE À TRANSFORMER UNE MÉTAPHORE CORPORELLE EN CONCEPT EN DONNANT À CELUI-CI UN NOM (DÉNOMINATION), UNE STRUCTURE INTERNE (COMPRÉHENSION) ET UN CHAMP D'EXERCICE (EXTENSION).

## *Commentaires*

L'origine métaphorique laisse des traces qui subsistent dans la formulation même du concept. Par exemple la présente définition 23 est en grande partie métaphorique ; elle rapporte la pensée à l'espace et à ses découpages propres. D'où une série de problèmes préalables. Les découpages de l'espace psychique (celui des pensées) correspondent-ils aux découpages de l'espace physique ? Les définitions sont-elles réversibles à l'instar des déplacements dans l'espace ? Ou irréversibles à l'instar du déplacement dans le temps ? Si l'espace peut être pensé, s'ensuit-il que la pensée puisse être représentée en termes d'espace ? Quels systèmes de correspondances y a-t-il entre métaphores, entre métaphore et concept, entre concepts ? La logique de la pensée verbale peut-elle rendre compte des logiques non verbales ? Comment penser le temps ? Comment tenir compte du temps nécessaire pour penser ? Penser requiert que les excitations exogènes (provenant des autres) et endogènes (les fantasmes, les affects) laissent en nous et autour de nous une place suffisante pour penser.

## *Proposition 24*

# DÉFINITION NÉGATIVE, ANASÉMIQUE, GÉNÉRATIVE

LA DÉFINITION PSYCHANALYTIQUE COMPREND TROIS GRANDES FORMES : NÉGATIVE, ANASÉMIQUE, GÉNÉRATIVE.

## *Commentaires*

*a* – Freud (1911) définit l'inconscient par cinq qualités négatives : en lui il n'y a pas de représentation du temps ; il n'y a pas de représentation de la négation ni de la contradiction ; il n'y a pas de liaison de l'énergie ; il n'y a pas de distinction des ordres de réalités physique et psychique ; il y a compulsion de répétition (*cf.* prop. 39).

L'anasémie (*cf.* N. Abraham, M. Torok, 1978) consiste à transporter dans le champ psychanalytique une conception ou une notion de la pensée courante (par exemple, l'angoisse) et à lui donner un sens spécifiquement psychanalytique.

La définition est générative quand elle permet de construire et déconstruire la représentation d'un objet interne (par exemple l'analyse des formes variées du travail psychique permet la construction du rêve, du deuil, de l'œuvre).

*b* – La définition fait l'objet du triple travail psychique signalé plus haut : le travail du négatif, c'est-à-dire de la réfutation ; le travail de l'indéfinitif, c'est-à-dire d'une évolution permanente ; et le travail du récapitulatif, c'est-à-dire de compréhension dans l'après-coup.

*c* – Une définition est psychanalytique quand son objet est le produit d'une psychogenèse ; quand son objet subit une tension dynamique ; quand son objet entre dans des jeux identificatoires qui déterminent son économie ; quand son objet est sous la domination d'une instance psychique particulière.

Plus concrètement, une définition est psychanalytique si elle situe l'objet par rapport aux deux axes œdipien et narcissique.

## *Proposition 25*

# CONFLICTUALITÉ DU PENSER

LE CONFLIT EST LA BASE DE LA VIE PSYCHIQUE. LES CONFLITS DU MOI-PLAISIR AVEC LE ÇA ET LE SURMOI CARACTÉRISENT LES PSYCHO-NÉVROSES ; CEUX DU MOI-RÉALITÉ AVEC LE MOI-IDÉAL CARACTÉRISENT LES NÉVROSES NARCISSIQUES ET PLUS GÉNÉRALEMENT LES ÉTATS-LIMITES ; LES CONFLITS DU MOI-PERCEPTION-CONSCIENCE AVEC LES PERCEPTIONS DÉSAGRÉABLES DE LA RÉALITÉ CARACTÉRISENT LES PSYCHOSES ; LES CONFLITS DU MOI-RÉALITÉ EXTERNE AVEC LE MOI-RÉALITÉ INTERNE CARACTÉRISENT LES TROUBLES DE LA PENSÉE LOGIQUE. LES CONFLITS ENDOGÈNES SONT DIFFÉRENTS DES CONFLITS EXOGÈNES PAR LESQUELS LE ÇA, LE SURMOI, LE MOI IDÉAL EMPÊCHENT L'ACTIVITÉ DE PENSER DE FONCTIONNER. LE MOI-PENSANT TEND À SE CONSTITUER EN SPHÈRE PSYCHIQUE AUTONOME ET A-CONFLICTUELLE (LA « RAISON » ; *CF.* L'EGO-PSYCHOLOGY AMÉRICAINE).

## *Commentaires*

*a* – Tout concept est pris dans une double conflictualité : externe avec d'autres concepts, interne quant à sa dynamique propre.

Dans le premier cas, le concept aboutit à une idée claire, c'est-à-dire à un tout spécifique ; dans le second cas, à une idée distincte, c'est-à-dire dont les parties constituantes sont distinctes les unes des autres et peuvent s'articuler selon différentes combinaisons. C'est pourquoi l'activité de la raison (ou moi-pensant) est reproductrice si elle vise seulement la clarté, ou créatrice si elle joue sur les articulations internes.

*b* – L'idéal du moi impose au moi-pensant la recherche de cohérence entre concepts. Le moi-pensant soumet à l'épreuve de réalité les concepts élaborés conformément aux règles et aux codes du surmoi. D'où les développements respectifs d'une approche rationaliste et d'une approche empiriste des objets épistémiques.

*c* – La tolérance aux conflits logiques est une condition des grandes découvertes. Elle se constitue avec l'expérience faite par l'enfant de l'aire transitionnelle (Winnicott, 1971) : le paradoxe de l'objet transitionnel (est-il proposé par l'entourage, est-il inventé par l'enfant ?) ne doit pas être résolu trop vite.

Les concepts de la psychanalyse décrivent à la fois des systèmes de forces (par exemple investissement, surinvestissement, désinvestissement, contre-investissement), des configurations de formes (moi-peau, moi-main, moi-muscle, moi-passoire), des processus de changement (formation, déformation, équivalence, substitution, transformation…).

*d* – C'est parce qu'elle est conflictuelle que l'activité de penser est fatigante pour la plupart des esprits, attirante pour certains (le ressassement obsessionnel des pensées, leurs heurts, la construction-déconstruction des systèmes…) qui déplacent le plaisir libidinal du sexe sur l'esprit, du ventre à la tête, du bas vers le haut.

*e* – En résumé l'opérativité d'un concept réside :

– dans sa tension dynamique interne ; Freud (1915, ch. V, § 3) parle de « tonicité ». On voit bien là que le concept est conçu comme un analogon du moi, lui-même conçu comme un analogon de la peau ; c'est un moi-peau musculaire épuré et miniaturisé ;
– dans la souplesse ou la fermeté de son enveloppe.

*f* – Exemple de triple approche métapsychologique convergente et feuilletée : l'illusion groupale (D. Anzieu, 1976) se comprend dans une triple perspective :

– perspective dynamique : régression au narcissisme secondaire ;
– perspective économique : clivage et projection du persécutif et de l'idéalisation ;
– perspective topique : le moi idéal comme organisateur du groupe.

## *Proposition 26*

# JUGEMENT ET PRINCIPE DE RÉALITÉ

LA PREMIÈRE FONCTION INTELLECTUELLE EST CELLE DU JUGEMENT EN TANT QU'IL ÉNONCE UNE AFFIRMATION OU UNE NÉGATION. ELLE SE DÉVELOPPE SOUS LA JURIDICTION DU PRINCIPE DE RÉALITÉ, PAR ÉTAYAGE SUR LE JEU DES MOTIONS PULSIONNELLES PRIMAIRES.

### *Commentaires*

Le jugement transpose, en l'appropriant à une fin épistémique, l'activité corporelle bipolaire d'inclusion dans le moi/d'exclusion hors du moi, originellement régie par le principe du plaisir : manger/cracher sont par exemple des préjugements agis sur les qualités respectivement bonnes ou mauvaises de la nourriture proposée et/ou de l'objet qui la propose.

L'affirmation transpose dans la pensée verbale l'inclusion en unification agie par le corps. La négation prend le relais de l'expulsion. Ce qui est d'abord agi peut être ensuite pensé et ce qui est pensé l'est sur le modèle d'une action (ou d'un être) corporel préalable.

## *Proposition 27*

## FORMATION DU JUGEMENT DE NÉGATION

LE JUGEMENT DE NÉGATION SE FORME EN CINQ ÉTAPES : ACTE-RÉFLEXE, ACTE-INDICE, ACTE-SIGNAL, ACTE-SYMBOLE, ACTE DE PENSÉE VERBALE.

### *Commentaires*

*a* – Le jugement de négation s'étaie sur un réflexe physiologique d'expulsion (vomissement, transpiration, expiration...) de substances mauvaises pour l'organisme. C'est un acte corporel automatique.

Il peut servir à l'entourage d'*indice* d'une maladie latente ou de soins inappropriés.

*b* – Il y a pré-jugement quand l'acte corporel est déclenché par un acte psychique émis intentionnellement par un pré-moi corporel et qui prend valeur de signal adressé à l'entourage (le cri par exemple) ; c'est un *acte-signal* : le bébé crache la nourriture ou tient la bouche obstinément fermée à l'introduction de substances ressenties comme mauvaises par le psychisme naissant (le mauvais lait, le mauvais sein/poumon...) ; ce geste constitue la première ébauche du non. L'acte de refus se réduit au déclenchement volontaire du réflexe de rejet.

À un degré plus élaboré, l'acte de jugement négatif repose non plus sur une similitude globale (entre le refus psychique et le rejet physiologique) mais sur l'évocation d'une partie symbolisant le tout ; il y a alors signe proprement dit ou, mieux, acte *symbole*. Par exemple le bébé ferme la bouche (il mime le refus, la mère approche quand même la cuillère et essaie de l'introduire de force dans la bouche ; il tourne vivement la tête de droite à gauche pour éviter l'introduction : ce mouvement de tête est par la suite isolé et détaché du contexte pour signifier « Non » en langage corporel, dans la culture occidentale du moins).

Il reste à l'enfant à apprendre à dire « Non » en mot. Le signifiant sonore « Non » termine ainsi la série hiérarchique des actes de signifiance négative. C'est alors un acte de *pensée*.

*c* – Des erreurs techniques sont commises par le psychanalyste s'il ne respecte pas les différents degrés de signifiance ; par exemple s'il refuse d'entendre un acte-signal comme signe en le réduisant à un passage à l'acte (erreur fréquente avec les patients états-limites), ou s'il considère comme intentionnel (et donc transférentiel) de la part du patient un élément du matériel que l'analyste utilise comme indice.

De telles erreurs sont favorisées par des énoncés dogmatiques rituellement affirmés selon lesquels l'inconscient serait structuré comme un langage (et non comme le corps) et la parole – et elle seule – définirait le champ de la cure et la nature du matériel psychanalytique.

## *Proposition 28*

# JUGEMENT D'ATTRIBUTION ET JUGEMENT D'EXISTENCE

LE JUGEMENT D'ATTRIBUTION PRÉCÈDE LE JUGEMENT D'EXISTENCE.

## *Commentaires*

*a* – Le jugement d'attribution (attribuer un prédicat, une qualité à un sujet : par exemple énoncer « la lune est bleue » ou « les épinards sont amers ») concerne les qualités sensibles. Il sous-tend la croyance aux représentations psychiques dont la conscience se fait une idée. Il et de l'ordre du processus primaire ; il repose sur l'identité des perceptions ; il atteste la présence d'un contenu psychique.

*b* – Le jugement d'existence requiert une réflexion critique sur l'attribution spontanée (c'est-à-dire la conscience) d'une qualité sensible : cette qualité est-elle seulement un contenu psychique ou correspond-elle à un objet épistémique situé dans la réalité externe ? Le jugement d'existence est subordonné à l'épreuve de réalité effectuée par le moi et fondé sur l'identité des pensées.

*c* – Les philosophes empiristes anglais ont mis en évidence le critère de plus grande vivacité de la représentation quand elle correspond à un objet extérieur réel.

## *Proposition 29*

# JUGEMENT DE CAUSALITÉ

La notion de causalité s'établit elle aussi par une triple inscription.

Au niveau de la peau, ce qui est ressenti (démangeaisons, brûlures, excitation sexuelle, etc.) est attribué à un (ou des) persécuteur(s)-séducteur(s) qui se sont introduits dans le corps et qui y produisent ces sensations contre la volonté du sujet : la forme psychotique de la causalité est la machine à influencer.

Au niveau du Moi, la cause des événements psychiques est attribuée à l'objet d'amour : je désire qu'il me désire, je le crois, je le veux, je le constate semblable à moi (double semblable ou complémentaire) ; s'il m'aime, il doit tout ressentir comme moi. L'échec de cette illusion entraîne d'une part la déception, la rancune, le désamour ; d'autre part la disqualification des éprouvés psychiques du sujet par l'objet aimé.

Au niveau du penser, la notion de cause devient impersonnelle ; elle est liée à un aspect de l'épreuve de réalité, qui est le constat de la « conjonction constante » (Bion, 1962) de deux ou plusieurs phénomènes ; elle est donc une forme particulière d'habitude et d'attente ; elle a été décomposée en quatre types de causes (*cf.* Aristote, *Organon* : efficiente, finale, latente, occasionnelle) dont la sommation rend compte de la complexité des phénomènes en laissant un résidu d'inexpliqué, d'imprévisible.

## *Commentaires*

*a* – La cause et la faute sont confondues au départ. De même, le jugement est au départ un acte judiciaire. L'enfant pense que c'est de sa faute s'il ne réussit pas à faire le bonheur de ses parents. Les parents l'encouragent à penser dans ce sens : c'est de ta faute si... Les groupes recourent à un bouc émissaire, à des rituels sacrificatoires pour conjurer la survenue de maux ou de dangers dont les causes restent inconnues.

*b* – La cause attribuée aux phénomènes naturels est une imago : bonne, aimée et providentielle, ou haïssable et haineuse. Il faut attirer la première, écarter la seconde. Quel que soit le degré de développement du penser, subsistent dans l'esprit des zones de crainte, de prière, de croyances superstitieuses : survivances d'une époque où la mère, d'aimante, devenait rejetante sans raison compréhensible par le tout-petit.

*c* – L'imago originelle subit ensuite une fragmentation (H. Kohut, 1974), ce qui explique la dispersion dans l'esprit de morceaux de soi-objets sur un éventail de croyances allant de la raison à la superstition. La fragmentation est compensée par la construction de pensées intermédiaires qui établissent des rapprochements et des liens entre les soi-objets fragmentés. Des découvertes scientifiques s'effectuent souvent à partir des soi-objets résiduels mis en marge (*cf.* prop. 7, L. Verlet, 1993).

*d* – L'expérience d'une mère suffisamment bonne et surtout suffisamment pensante donne au tout-petit la confiance nécessaire dans l'entourage humain puis dans l'environnement naturel pour y trouver une satisfaction suffisante de ses besoins.

*e* – La différence entre la causalité imaginaire et la causalité réelle est acquise progressivement par le petit homme à l'occasion de la triple manipulation des objets extérieurs, des parties de son corps et de son entourage humain. L'enfant se conçoit d'abord comme agent causal doté d'une illusion d'omnipotence ; puis il conçoit le monde comme régi par un déterminisme universel : il apprend à commander à la nature en se soumettant à ses lois.

## *Proposition 30*

# RETOURNEMENT DU JUGEMENT

LE RETOURNEMENT DU JUGEMENT EST UN DES MÉCANISMES CRÉATIFS QUE LE MOI-PENSANT TRANSPOSE DU MOI-PEAU DÉFENSIF. SES TROIS FORMES PRINCIPALES SONT LE RETOURNEMENT SUR SOI, LE RETOURNEMENT EN SON CONTRAIRE, LE RETOURNEMENT À L'ENVERS (COMME UN GANT).

### *Commentaires*

*a* – Le retournement psychique et intellectuel peut être symbolisé par le retournement spatial à l'œuvre dans l'anneau de Möbius (Lacan, 1967). Les diverses formes de retournement ont en commun le passage du dehors au dedans et inversement.

*b* – Les trois formes de retournement citées (sur soi, en son contraire, à l'envers) sont respectivement au service du masochisme, de la négation, du changement mutatif de vertex (ou de perspective).

*c* – Les retournements défensifs fondamentaux du moi-plaisir sont le retournement du bon en mauvais, celui du moi en l'autre (identification projective) et inversement.

*d* – Les retournements de la pensée relèvent du moi-réalité ; *temporels* : retour de l'actuel à l'origine (régression, réversibilité) ; il en existe de nombreuses sous-catégories ; *spatiaux* : retournement de la surface en fond, du proche en lointain, du haut en bas, etc. (métonymie) ; *logiques* : retournement de l'effet en cause, du vrai en faux, du mouvement en immobilité, de l'observateur en observé, et inversement.

*e* – Le retournement repose sur une activité mentale de type métonymique, ce qui le rend à la fois plus pathogène et plus créatif que l'activité mentale de type métaphorique.

## *Proposition 31*

# LE SYSTÈME COMME CORPS

UN SYSTÈME EST UN CORPS – ET NON SEULEMENT UN ENSEMBLE – DE PENSÉES, DE NORMES, DE RÈGLES INTERDÉPENDANTES.

## *Commentaires*

*a* – Une théorie est un ensemble cohérent, local, explicatif, de connaissances. Un système est plus vaste : il totalise savoir et pouvoir, pensée et action : il vise emprise et universalité. Il a lui aussi un terrain d'origine, auquel il convient particulièrement mais sur lequel il s'appuie pour prendre son élan dans deux directions : vers une généralisation croissante (il est « nomade », *cf.* I. Stengers et coll. 1987) ou vers un plus grand degré d'abstraction. Formalisé, le système se situe au niveau le plus élevé de la symbolisation. Il a lui aussi ses limites, mais il poursuit avec elles un jeu d'interaction : il les trouve et il les repousse. Un système a comme le moi des limites fluctuantes. C'est parce que le moi a des limites fluctuantes que nous pouvons nous représenter l'univers comme un système aux limites en expansion rapide. Du corps et du moi, particulièrement du moi-peau, un système paraît être un analogon.

Le penser se situe au terme d'un parcours fait d'emboîtements successifs : corps projeté dans sa surface, peau projetée dans le moi, moi projetant dans le monde ses interfaces, penser récapitulant ses propres strates renvoyées par le monde et qui font retour sur lui. La peau fournit une enveloppe au corps. Le moi fournit une peau aux pensées. Le système est une peau que le penser fournit au monde.

*b* – De même que le symptôme réalise un compromis du moi dans le conflit dont il est le siège entre le ça et le surmoi, de même le système forme un compromis dans le conflit du moi avec les instances idéales. Si prévaut dans le moi l'omnipotence narcissique du moi idéal, le système est un délire individuel. Si le moi se soumet à l'idéal du moi, le système devient acceptable. S'il est accepté, il donne naissance à un « paradigme » au sens de Thomas Kuhn (1970) :

> « La science normale exploite un paradigme autour duquel se rassemble, à un moment déterminé, une communauté (scientifique) également bien déterminée. Les membres de cette communauté trouvent dans le paradigme un ensemble, en général rendu suffisamment cohérent par une théorie, de problèmes exemplaires, de solutions typiques et d'applications réussies dans un domaine déterminé du réel. Dans cet ensemble pragmatiquement donné, ils trouvent un modèle sur lequel régler leur

activité de recherche et la fonder sur une tradition solidement partagée. Problèmes et applications du paradigme sont par eux-mêmes suffisamment ouverts pour donner place à une recherche subséquente.

« Le paradigme est constamment confronté à des anomalies, à des résultats qui ne correspondent pas aux prédictions attendues de son exploitation. Le plus souvent, par un travail adéquat, ces anomalies sont réduites et abordées dans le paradigme sans changement essentiel. Il arrive également que l'anomalie résiste, mais neutralisée, sans constituer une véritable réfutation du paradigme en cours. Mais parfois l'anomalie devient pour ainsi dire active, et se développe d'une manière irrésistible. Le paradigme en cours entre en crise. C'est alors que prend place un type de recherche nouveau, celui de la science extraordinaire. Les principes et les méthodes sont soumis à une discussion critique de type philosophique, de nouveaux types de puzzles sont proposés, jusqu'à ce que l'un d'eux finisse par emporter l'adhésion d'une partie au moins de la communauté qui subit la crise, et se mette à jouer pour elle le rôle d'un nouveau paradigme, capable d'opérer la reconstruction du champ du savoir qui semble s'imposer. La transition plutôt brutale d'un paradigme à un autre, abandon de l'ancien et adhésion au nouveau, détermine alors une révolution scientifique, un véritable bouleversement dans la vision du monde. Un tel procès relève donc de la discontinuité, de la rupture, et de l'incommensurabilité des deux bords qui en résulte. »

*c* – Un système, au sens étroit, est un élément technique de raccord simple entre les deux termes opposés d'une même catégorie. Dans la vie pratique, la jarretelle est, ou plutôt était, un système de raccord féminin entre le haut et le bas. Le bouton et la boutonnière raccordent la droite et la gauche d'un vêtement. À côté des systèmes de fermeture, il y a des systèmes d'ouverture, d'alarme, de protection, de régulation, etc. Il y a même un système D qui érige en loi générale la débrouillardise individuelle.

*d* – Un délire est un système dépourvu des critères de l'homologie ; tout au plus relève-t-il de la catégorie du délire à deux ; il réalise alors l'isomorphie de deux psychés. La théorie est une analogie réussie. Le système est une homologie qui a convaincu. Autrement dit, le système se présente dans la pensée comme un microcosme du monde et se représente réciproquement le monde comme le macrocosme du penser.

*e* – Dans la vie sociale, on distingue trois grands types de systèmes (René Kaës, 1980) :
– mythologie (idéal du moi) ;
– utopie (moi idéal) ;
– idéologie (surmoi).

## *Proposition 32*

# HUIT FONCTIONS DU MOI-PENSANT ET ÉLABORATION D'UN SYSTÈME

HUIT FONCTIONS DU MOI-PENSANT CONTRIBUENT À L'ÉLABORATION D'UN SYSTÈME.

## *Commentaires*

*a* – Un système est porteur d'une idée-force, qui est soutenue par la consistance du raisonnement. Sa rigueur contribue à sa vigueur. Exemples d'idées-force : l'attraction universelle des corps (Newton), la plus-value à l'origine du capital (Marx), les conflits inconscients à l'origine de la vie psychique (Freud).

*b* – Un système est un contenant : il est lui-même contenu dans des limites ; celles-ci sont fixes ou fluctuantes ou en expansion. Il comprend des règles de clôture (il se referme sur lui-même), des zones d'ouverture, des orifices permettant des échanges, des interfaces qui le mettent en rapport avec d'autres systèmes (systèmes ouverts ou fermés).

*c* – Un système est entouré de barrières de contact, organes à la fois protecteurs et capteurs d'énergie ; son équilibre interne est plus ou moins stable ou évolutif : par exemple la théorie freudienne de l'angoisse comme signal d'alarme.

*d* – Un système repose sur un alphabet, un algorithme, des règles d'encodage, de catalogage, de catégorisation. Par exemple, Pierre Boulez distribue les qualités de ce qu'il appelle le nouvel espace sonore en utilisant des références géométriques comme : droit, courbe, focalisé ou non, mais aussi des qualités de texture : homogène/non homogène, lisse/strié, de mouvements : fixe, variable, dirigé/non dirigé, régulier/irrégulier, en alternance/en superposition.

*e* – Un système propose une matrice de raisonnement. Il met en œuvre des convergences, des concordances, des correspondances entre les éléments qui le constituent, entre ses éléments et le tout, et avec des systèmes complémentaires ou antagonistes. Un système est une combinaison d'organes concourant à une même fonction et une combinaison de fonctions concourant à un but commun. Il développe trois types de relations : sur le mode figuratif, sur le mode opératif, sur le mode génératif. Par exemple, le schéma dynamique de l'appareil nerveux selon Jackson (1932) et Sherrington se veut opératif :

intégration du système par l'organe le dernier créé et exerçant une inhibition des fonctions anciennes ; dissolution du contrôle (sommeil, ivresse, lésions) entraînant la libération anarchique des fonctions inhibées. Autres ressorts logiques des systèmes : la correspondance microcosme-macrocosme ; le renversement perpétuel du pour au contre (Pascal) ; la proportion harmonique (C. Lévi-Strauss, 1958) : *a* est à *c* ce que *b* est à *d*...

*f* – Un système trouve son unité et en quelque sorte son individualité dans la synthèse d'éléments d'ordres différents. L'originalité du système obéit à la dialectique singularité-complexité.

*g* – Un système donne de la force à ceux qui l'adoptent, par exemple les minorités actives, l'union de savants autour d'un paradigme.

*h* – Penser systématiquement apporte un plaisir global spécifique de fusion du moi-réalité externe et interne et du moi-plaisir, de mise en ordre simultanée des mots, des choses, des pensées (« Au début était le chaos ; puis vint l'esprit qui mit tout en ordre », Empédocle), d'intrication des pulsions de vie (l'illusion créatrice) et des pulsions de mort (un système est une machine de guerre contre des adversaires) ; en même temps il comporte un reste, un trou, un vide, un manque qui l'expose aux attaques exogènes et aux effets pervers endogènes. Tout système a tendance à se corrompre et à tout corrompre. Par exemple les trois régimes politiques, la monarchie, l'aristocratie, la démocratie, se corrompent respectivement en tyrannie, oligarchie, anarchie (Aristote, *Politique*).

## *Proposition 33*

# L'INTERDIT DE PENSER

S'IL EST PRÉALABLE À L'ACTIVITÉ DE PENSER, L'INTERDIT DE PENSER PORTE PRINCIPALEMENT SUR DEUX ORDRES DE SYSTÈMES : LES SYSTÈMES DE REPRODUCTION, LES SYSTÈMES DE DOMINATION. S'IL EST CONSÉCUTIF À UN ACTE DE PENSÉE, L'INTERDIT DE PENSER CONDAMNE LE SURINVESTISSEMENT NARCISSIQUE DE LA PENSÉE ET L'ENORGUEILLISSEMENT DU SAVOIR ACQUIS (*CF.* L'AMOUR-PROPRE SELON PASCAL, LE PERVERS NARCISSIQUE SELON RACAMIER, 1989).

## *Proposition 34*

# LOGIQUE DES ASSOCIATIONS D'IDÉES

LES PRINCIPAUX MODES D'ASSOCIATIONS D'IDÉES OBÉISSENT À DES DEGRÉS CROISSANTS D'EXIGENCE LOGIQUE.

## *Commentaires*

*a* – Les théories empiristes des philosophes anglais du XVIIIe siècle concernant les associations d'idées décrivent une série de processus en principe non hiérarchisés mais qui le sont en fait.

*1*. Les associations par ressemblance : elles reposent à l'origine sur une *identification généralisée* du sujet connaissant à l'objet épistémique et sur une pensée du type syncrétique où tout a une âme. Tout est donc connaissable parce que tout est censé semblable, tout nous est semblable parce que tout est semblable ; le corps est indifférencié de la psyché.

*2*. Les associations par contraste : elles correspondent aux oppositions distinctives, aux conflits psychiques ; un moi différencié se structure.

*3*. Les associations par contiguïté dans *l'espace* : ce sont des analogiques de la peau, qui met en rapport de consensualité, de concordance entre eux les organes des sens qu'elle supporte.

*4*. Les associations par contiguïté dans *le temps* : les rythmes, la succession régulière de deux événements est perçue comme causalité (Hume, 1748) ; le tout est d'une autre nature que la somme des parties.

*b* – C'est parce que cette évolution a lieu dans le cadre de la structuration progressive du moi s'étayant sur les structures de la peau qu'elle peut être reprise et transposée en structure de la pensée.

## *Proposition 35*

# CINQ PRINCIPES FREUDIENS DU FONCTIONNEMENT PSYCHIQUE

CINQ PRINCIPES DU FONCTIONNEMENT PSYCHIQUE ONT ÉTÉ FORMULÉS EXPLICITEMENT PAR FREUD : CONSTANCE, RÉPÉTITION, NIRVÂNA, PLAISIR, RÉALITÉ.

## *Commentaires*

Le plus ancien principe a été découvert par Breuer et Freud en 1895 ; c'est le *principe de constance*, inspiré de l'homéostase du milieu interne (découverte par Claude Bernard). Freud le reprend dans *Le moi et le ça* en 1923 pour fonder la *contrainte de répétition*, qui provoque notamment les effets récurrents des traumatismes psychiques.

Vers le même moment, il emprunte à Barbara Löw le *principe de Nirvâna*, forme extrême du principe de constance. Celui-ci tend à maintenir constante, et à un niveau le plus bas possible, la quantité d'excitation ; c'est une fonction du pare-excitation. Le principe de Nirvâna tend à réduire à zéro cette quantité : il règle le fonctionnement de la pulsion de mort, qui cherche à provoquer le retour à l'état antérieur et, à la limite, à l'inanimé.

Un couple de deux autres principes est l'invention personnelle de Freud. Le *principe du plaisir-déplaisir*, hérité de l'utilitarisme de J.S. Mill (1863), vise la décharge automatique de la quantité d'excitation quand cette dernière atteint un certain seuil. C'est une fonction que le ça impose au moi. Le *principe de réalité* est une fonction que le moi impose au ça : il subordonne l'accomplissement de la décharge et du plaisir concomitant à l'examen des conditions favorables dans la réalité : l'attention, l'épreuve de réalité et l'attente sont ainsi les principales fonctions du moi conscient. Le principe de réalité obéit au principe du plaisir, mais en imposant à celui-ci un détour.

## *Proposition 36*

# PRINCIPES PSYCHANALYTIQUES IMPLICITES

D'AUTRES PRINCIPES GÉNÉRAUX SE PARTICULARISENT EN PSYCHANALYSE, MAIS SANS AVOIR ÉTÉ EXPLICITÉS COMME PRINCIPES PAR FREUD : DIFFÉRENCIATION, ASYMÉTRIE, SYMÉTRIE INVERSÉE, RÉVERSIBILITÉ, IDENTITÉ...

## *Commentaires*

*a* – La membrane comprend le pare-excitation (régi par le principe de constance défini ci-dessus) et la pellicule dont la face sensible (la surface d'inscription) m'apparaît régie par un *principe de différenciation* (qui vise à différencier les qualités sensibles en systèmes d'oppositions que les sémioticiens ont appelées depuis pertinentes).

*b* – Le *principe d'asymétrie* a été formulé après Freud par les physiciens et les biologistes : l'évolution de la matière, anorganique et vivante, et sa complexification s'effectuent sur un mode asymétrique et de façon irréversible à partir d'un point de bifurcation. Les deux exemples capitaux sont : *1.* le passage des cellules sans enveloppes s'accumulant en magmas (procaryotes) à la cellule dotée d'une enveloppe – et même assez vite d'une double enveloppe – lui assurant une ébauche d'individualité (eucaryote) ; et *2.* le passage de la reproduction par scissiparité à la reproduction sexuée.

Un parallèle peut être fait avec la situation psychanalytique qui assigne au psychanalyste et au patient des places dissymétriques. Ceci reproduit, ainsi que l'a montré Piera Aulagnier (1979), la dissymétrie originaire du nouveau-né et de la mère (ou de l'entourage maternant). Ainsi le processus psychanalytique peut-il faire régresser le patient aux points anciens de bifurcation (que Freud appelle points de fixation) afin de lui permettre de choisir à partir de là une nouvelle voie de développement (*cf.* le *new beginning* de Balint, 1968), moins pathologique.

*c* – Le *principe de symétrie inversée* ne doit pas être confondu avec le précédent. La notion de symétrie du corps humain est acquise par l'enfant lorsqu'une glace et/ou des personnes de son entourage lui renvoient en *miroir* l'image de son corps, avec l'inversion du côté gauche et du côté droit (*cf.* Lacan, le stade du miroir, 1966). Sur ce modèle se constituent le dédoublement du soi-corporel et du soi psychique, la fascination narcissique de la conscience par le moi idéal, l'illusion d'une symétrie entre moi et l'autre, la différenciation de l'objet et de son image, l'illusion d'inquiétante étrangeté du monde des images, la représentation dite « en abyme », l'illusion d'une symétrie inversée entre la pensée spatiale et la pensée verbale, la nécessité d'un « négatif » pour « développer » une image positive des êtres où des objets figurant sur un cliché photographique, etc.

La croyance en l'existence d'un double chez l'enfant et dans les sociétés non-occidentalisées prend deux formes : le double semblable, bénéfique, et le double inversé, maléfique.

*d* – Le principe d'une *réversibilité* des effets pathogènes anciens, par exemple des traumatismes psychiques, fonde la cure psychanalytique grâce au travail psychanalytique.

*e* – Le *principe d'identité* pousse à la recherche de l'identique. Il serait spécifique du psychisme humain. Selon Freud, le processus primaire vise l'identité des perceptions. Le processus secondaire vise l'identité des pensées. Le choix narcissique d'objet amoureux vise un partenaire le plus semblable possible à soi. Le choix anaclitique vise un partenaire le plus semblable possible à un des parents. Le désir vise un objet identique à celui qui a apporté la première satisfaction. La contrainte de répétition (qui est un cas particulier du principe d'identité) amène à rectifier l'énoncé précédent dans le sens d'une plus grande généralité : c'est le premier contact avec l'objet qui tend à être recherché, que ce contact ait été satisfaisant (d'où la névrose) ou douloureux (d'où les états-limites et la psychose), l'essentiel étant de retrouver le type de contact connu (R. Roussillon, 1991). La recherche de l'identique peut viser le même (l'identique absolu) ou seulement le semblable (l'identique relatif).

## *Proposition 37*

# ABSENCE D'UN PRINCIPE CLAIR DE CHANGEMENT

Il n'y a pas un principe clair de changement.

## *Commentaires*

*a* – Freud utilise une terminologie flottante : *transformation* du contenu latent du rêve en contenu manifeste (transformation qui est le produit d'un « travail » psychique) ; phases de *développement* de la libido (libido assimilée à l'Éros, créateur d'organisations de plus en plus complexes, avec un envers de points de fixation et de régression) ; tentatives d'étendre à la psychologie le transformisme de Lamarck et l'*évolutionnisme* de Darwin que les maîtres viennois du jeune Freud importaient alors en neurologie et physiologie (mais si Freud se réclame de l'« hérédité des caractères acquis » selon Lamarck, il ne recourt pas au rôle des « mutations » dans la sélection des plus aptes selon Darwin).

*b* – La notion de *changement* proprement dit est absente de la pensée et du lexique de Freud. Celui-ci n'en propose que des théories locales. Du point de vue dynamique, la cure produit la « dissolution » des « inhibitions » et la « libération » des énergies primitives (selon le modèle de J.H. Jackson, 1932). Du point de vue économique, l'appareil psychique opère la décharge des quantités d'affects (modèle tiré de Herbart et de la neuro-physiologie germanique). Du point de vue topique, le déplacement de l'investissement peut être régrédient (orienté vers une perception de type hallucinatoire, satisfaisant au principe de plaisir (*cf.* D. Widlöcher, 1972)).

*c* – Plutôt que de changement, Freud préfère parler de conflits psychiques, de la souffrance qui les accompagne, de la démarche pour les résoudre, qui requiert la connaissance des processus de montage de ces conflits. Si le mot n'est pas utilisé, la notion de *mutation* est présenté à travers toute son œuvre : le passage d'une phase du développement libidinal à une autre, d'une stratégie défensive à une autre, d'un mode de satisfaction à un autre, etc., consistent en des mutations réorganisatrices (à rapprocher de la Gestalttheorie ou de la théorie mathématique des catastrophes – c'est-à-dire des changements brusques en direction d'un « bassin d'attraction » – de R. Thom, 1983).

## *Proposition 38*

# ORDRE ET INTELLIGIBILITÉ, CONCORDANCE ET COMPLÉMENTARITÉ, INCOMPLÉTUDE ET INDÉTERMINATION

DES PRINCIPES SCIENTIFIQUES GÉNÉRAUX TROUVENT À S'APPLIQUER EN PSYCHANALYSE : ORDRE ET INTELLIGIBILITÉ, CONCORDANCE ET COMPLÉMENTARITÉ, INCOMPLÉTUDE ET INDÉTERMINATION.

## *Commentaires*

*a – Principes d'ordre et d'intelligibilité*. L'ordre est une tentative de réduire l'aléatoire dans la description des phénomènes. L'intelligibilité est une tentative pour réduire l'arbitraire dans l'interprétation des phénomènes.

La sémiologie psychiatrique propose un ordre pour classer les maladies mentales, mais non une intelligibilité. La démarche psychanalytique postule l'intelligibilité des processus psychiques inconscients. Elle met en garde contre toute tentative prématurée de trouver de l'ordre dans ces processus. Il faut au patient suspendre toute pensée préalable d'ordre, logique, moral, esthétique… et toute connaissance des théories préétablies (fussent-elles psychanalytiques) pour qu'il puisse pratiquer des associations libres (comportant affects et représentations) et consentir au transfert. De même, le psychanalyste essaie d'aborder les séances « sans mémoire ni désir » (Bion, 1967). Le psychanalyste peut finir par dégager un ordre à partir de l'intelligibilité, non le contraire.

L'intelligibilité des souffrances du patient, affirmée par la psychanalyse, soutient l'espoir de guérison et l'effort du travail psychique pour y parvenir, effort commun aux deux partenaires. « Je peux faire 80 % de la tâche, disait Masud Khan (1974) à un patient potentiel, mais il faut que vous en fassiez 20 %. » L'accès à l'intelligibilité requiert la régularité, la persévérance, la disponibilité à l'imprévu, le temps pour comprendre, la tolérance à la surprise, à la dépression, au doute.

Ces limites intrinsèques de la psychanalyse amènent les psychanalystes à les contourner par des modifications de la pratique, par des aménagements du cadre, par des infléchissements ou des élargissements théoriques : psychodrame, relaxation, thérapies corporelles, familiales, etc. L'interdit du toucher est alors levé. La fiction d'un appareil mental individuel s'efface et l'accent est mis sur les interactions narcissiques, fantasmatiques, etc. Des concepts nouveaux sont importés d'autres disciplines : par exemple la paradoxalité, l'attachement…

La psychanalyse rend intelligibles la plupart des phénomènes inconscients. Peut-elle leur découvrir un ordre ? La considération de l'ordre ne me paraît pas indispensable. À l'instar des théories physiques probabilistes, pourquoi ne pas postuler un désordre originaire, un chaos d'excitations exogènes, mêlé aux poussées pulsionnelles endogènes ? Chaos décrit par les patients dont le noyau psychotique est important et peu contrôlé : ce « gâchis » dont parle l'écrivain S. Beckett et que montrent les toiles du peintre F. Bacon. Échec désintégrateur à imposer leurs aspirations narcissiques au monde et aux autres.

*b* – Le principe de *concordance* a été formulé par N. Bohr en 1924 : il énonce qu'il y a correspondance entre les comportements classiques et quantiques des systèmes atomiques. Après la découverte en 1925 du principe d'indétermination par Heisenberg (1955), Bohr reformule le principe de correspondance en principe de *complémentarité* entre les aspects mutuellement exclusifs des phénomènes quantiques (l'aspect onde et l'aspect corpuscule). Une transposition à la psychanalyse pourrait être la suivante : le moi, en tant qu'enveloppe psychique, doit être envisagé sous les deux aspects complémentaires de l'excitation et de la signification (de la force et du sens, selon P. Ricœur, 1965). Ne pas confondre ce principe de concordance/complémentarité avec le principe de correspondance lié à la catégorie de consensualité.

*c* – Le *principe d'incomplétude* a été mis en évidence en 1931 par les théorèmes de Gödel, que Freud semble avoir ignorés. Premier théorème : une arithmétique non contradictoire (c'est-à-dire un système logique dans un ensemble) comporte des propositions formelles indécidables (théorèmes, opérations, suites d'éléments, etc). Une des causes de cette incomplétude tient aux axiomes sur lesquels le système logique est fondé et qui sont choisis sans autre exigence que d'être « consistants » (cohérents) entre eux. « Si l'arithmétique est consistante (cohérente), elle est incomplète. » (Gödel.) Second théorème : parmi les énoncés indémontrables figure l'affirmation de la non-contradiction du système. Ainsi les possibilités de formalisation d'un système sont-elles limitées. Ne pourrait-on pas envisager cela comme le défaut fondamental de la logique, qui transposerait dans le domaine de la pensée le « défaut fondamental » (Balint, 1968) imprimé sur l'appareil psychique par les carences et les traumatismes précoces, voire par la prématurité qui voue dès la naissance l'être humain à une quête infinie d'achèvement, de complétude ? Autrement dit, le moi n'arrive jamais à donner une cohérence complète aux fragments originaires du soi. Et ce n'est pas le moindre des paradoxes que de constater, avec Winnicott (1971), que l'accès de la psyché à la symbolisation et, par delà, à la pensée logique et au principe de non-contradiction, requiert l'expérience de l'aire transitionnelle, où le tout-petit et son entourage pratiquent la tolérance aux paradoxes, concernant notamment l'origine de l'objet transitionnel (est-il trouvé ou créé ?).

La consolidation du moi passe par la dépendance paradoxale à un objet fondamental qui veut l'indépendance de ce moi, qui fournit à celui-ci alternativement l'illusion et la désillusion, et dont une forme particulière de présence – la présence absente, bien connue du psychanalyste –, conditionne et ouvre l'accès au monde des symboles et de la culture. Aucun système logique ne saurait être auto-suffisant : son incomplétude inscrit dans le système lui-même la trace de son étayage originel sur un système relationnel symbiotique obéissant à une logique de l'inclusion réciproque.

*d* – Le *principe d'indétermination*, découvert par Heisenberg (1955), est souvent et inexactement appelé principe d'incertitude, ce qui entraîne une confusion avec le précédent. Le déterminisme apparent des phénomènes physiques au niveau molaire n'implique pas un déterminisme au niveau moléculaire. Une agitation moléculaire désordonnée, de type brownien, n'obéissant qu'à des lois statistiques, peut en effet produire un déterminisme global apparent. Au début était bien le chaos. Ce qui introduit l'ordre, c'est non plus l'esprit mais le calcul des probabilités.

Le caractère imprévisible, discontinu, des poussées pulsionnelles élémentaires est vécu par l'être humain, plus spécialement par le bébé, par l'autiste, sur un mode chaotique très angoissant : c'est l'énergie « libre » (selon Breuer et Freud, 1895). La régulation de l'énergie pulsionnelle passe par l'établissement de liaisons inconscientes, préconscientes et conscientes des pulsions à des images et à des affects, organisés en fantasmes ou en hallucinoses et sources de désirs particuliers orientés vers des types d'objets spécifiques (énergie « liée »). Les désirs sont déterminés par la conjonction d'une énergie pulsionnelle brute, indifférenciée, anarchique, sans foi ni loi en quelque sorte, et de formations imaginaires fomentées autour de souvenirs-écrans et d'imagos et obéissant à un nombre limité de mécanismes associatifs (par exemple condensation ou déplacement dans la pensée par image et leurs homologues respectifs dans la pensée verbale : métaphore et métonymie). Nouveaux paradoxes : les associations dites libres auxquelles la règle fondamentale invite le patient en psychanalyse sont déterminées par ces formations imaginaires, dont le déterminisme est de lutter contre l'indétermination pulsionnelle.

## *Proposition 39*

# PARADOXE DE L'ÉCORCE ET DU NOYAU, ORGANISATEUR DU COUPLE

LE PARADOXE DE L'ÉCORCE ET DU NOYAU EST UN DES ORGANISATEURS/DÉSORGANISATEURS DU COUPLE.

## *Commentaires*

*a* – Chacun des deux partenaires d'un couple demande à l'autre de reproduire sa propre relation originaire avec l'objet primordial : d'être un noyau introjectable qui se déploie en enveloppe. C'est sans doute là le paradoxe premier : que l'autre soit à la fois le centre et la périphérie, l'écorce et le noyau.

Si *B* s'impose à *A* comme noyau, *A*, privé de l'enveloppe, se sent « écorché vif » : d'où la tendance à l'irritation, à l'angoisse de la perte des limites. C'est une première forme d'angoisse du *vide* : l'hémorragie narcissique.

Si *B* forme l'enveloppe sans le noyau, *A* fait l'expérience d'un soubassement *creux*, d'une image du corps sans chair... C'est une deuxième forme d'angoisse du vide : l'*absence* d'un centre suffisamment investi de libido narcissique ; l'inconsistance, figurée par l'angoisse du sol qui s'effondre sous les pieds. D'où le surinvestissement réactionnel éventuel de la seconde peau musculaire : le mariage comme catch.

*b* – *B*, qu'il se propose tantôt comme enveloppe tantôt comme noyau, est toujours l'objet d'un reproche pour ce qu'il n'apporte pas.

*c* – Si *B* ne fournit ni le noyau ni enveloppe, c'est une source de plainte inépuisable chez *A* : il est un objet pour l'autre.

Il faut donc distinguer une pathologie matrimoniale du reproche et une pathologie de la plainte.

*d* – Si on considère l'inventaire freudien des cinq caractéristiques de l'inconscient (Freud, 1915) on est frappé de voir combien il convient au couple amoureux :

- absence de contradiction : d'où l'importance des communications paradoxales, qui culminent dans la scène de ménage ;
- mobilité des investissements : d'où la variation des humeurs, des demandes adressées à l'autre, selon un cycle idéalisation/persécution ;

– atemporalité : d'où des fantasmes d'auto-engendrement, de gémellarité, et d'immortalité du couple ;
– remplacement de la réalité extérieure par la réalité psychique : d'où l'auto-suffisance du couple, qui est tout et seul au monde ; le couple s'imagine exceptionnel et rêve d'engendrer des choses exceptionnelles ;
– compulsion de répétition : la scène de ménage vise à raviver chez le partenaire les traumatismes et les blessures narcissiques auxquels il est fragilisé..

## Proposition 40

# L'ILLUSION DE PERFECTION IMMÉDIATE DE L'ŒUVRE

UNE DES RÉSISTANCES LES PLUS IMPORTANTES À LA COMPOSITION D'UN TEXTE LITTÉRAIRE PROVIENT D'UN IDÉAL DE PERFECTION IMMÉDIATE DU TEXTE. CETTE ILLUSION EST ÉQUIVALENTE À CELLE DU RÊVE NOCTURNE DU POINT DE VUE DYNAMIQUE. ELLE SOUS-TEND LE RÊVE ÉVEILLÉ D'UN AVANT-TEXTE IMAGINAIRE, PRODUIT D'UN SEUL JET, VITE TERMINÉ ET D'EMBLÉE COMPLET.

## Commentaires

*a* – L'écrivant d'un article, d'un livre (c'est-à-dire celui qui a le projet d'écrire mais qui est loin d'être un écrivain) peut avoir une idée directrice solide, en parler d'une façon vivante, intelligente. Mais le passage de la parole à l'écriture présente pour lui une difficulté souvent insurmontable. En dix lignes il « condense » sa pensée : à quoi bon développer ? Il a tout dit. D'autres sont victimes d'une hallucination : ils ont la vision de leur ouvrage écrit, achevé, qui se dresse devant eux comme une montagne de glace infranchissable. La vision de l'œuvre est si parfaite qu'elle est impossible à transcrire. Vision si complète dans l'instant que la dérouler dans le temps ne pourrait que la décomposer, la vider de sa force et de son sens. Ce rêve éveillé d'un avant-texte imaginaire épargne le travail long et aride de la composition en l'imaginant déjà accompli (c'est le bénéfice secondaire) et il satisfait, toujours imaginairement, le besoin créateur (c'est le bénéfice primaire). L'illusion de perfection immédiate repose sur une confusion de la lecture et de l'écriture : un texte facile à lire est supposé avoir été facile à écrire : supposition tout aussi arbitraire que de penser qu'un texte difficile à lire a été difficile à écrire.

*b* – Sans l'illusion de produire un texte de valeur, on n'entreprend rien. Chez les grands créateurs, une phase visionnaire est première. J'ai par exemple mis en évidence dans mon étude sur *L'Auto-analyse de Freud* (D. Anzieu 1975a) qu'un trait caractéristique du génie de Freud, repérable dans le matériel même de ses rêves, résidait dans sa capacité de « voir » les processus psychiques et de passer ensuite directement de la vue à l'écriture. Cette capacité résulte d'un entraînement prolongé au travail intellectuel, d'une familiarité précoce avec la diversité des codes et des cultures, d'un surmoi fort mais plus stimulant que contraignant, d'une sublimation active de la curiosité sexuelle.

*c* – Cette perfection peut être trouvée au terme d'une vie de labeur : Stendhal dicte en trois mois *La Chartreuse de Parme* (1839). Mais il avait exercé son style, accumulé les notes dans ses lettres, dans ses *Chroniques italiennes* (1855) ; il avait vécu de telles amours, ou il en avait observé. Le récit longtemps mûri était sinon tout prêt dans sa tête du moins achevait-il de se mettre en texte au fur et à mesure que Stendhal le dictait. Il lui suffisait de déchiffrer à haute voix le texte, au fur et à mesure de son apparition sur l'écran de sa conscience, et d'en donner lecture. L'auteur se trouvait dispensé de la corvée d'écriture. Borges dictait ses *Contes* à sa mère : il était la voix, elle était la main, pas toujours obéissante. Sartre, au contraire, devenu à demi-aveugle, cessa de créer car il ne pouvait plus voir ce qu'il écrivait : il avait besoin pour penser du contact physique de la main avec la plume et le papier. Les manuscrits de Beckett sont à peu près exempts de ratures : il n'écrivait les phrases qu'une fois celles-ci formées complètement dans son esprit.

*d* – L'avant-texte imaginaire constitue une résistance à la composition d'un texte réel et fini. Il peut aussi contenir en germe ce dernier : il correspond alors aux deux premières phases du travail créateur.

## *Proposition 41*

# LA PAGE COMME SURFACE D'INSCRIPTION DE L'AVANT-TEXTE RÉEL

L'AVANT-TEXTE RÉEL (ET NON PLUS IMAGINAIRE) EST UN TEXTE POTENTIEL. IL S'ACTUALISE EN SON LIEU PROPRE QUI EST LA PAGE, CONSIDÉRÉE COMME SURFACE D'INSCRIPTION. IL EST MIS EN ŒUVRE AUX DEUX SENS DE MIS EN ACTIVITÉ (L'ACTIVITÉ D'ÉCRITURE ET DE COMPOSITION) ET DE MIS DANS UNE ŒUVRE (UNE ŒUVRE EN COURS, QUI SUIT SON COURS).

## *Commentaires*

*a* – L'*avant-texte* est constitué par l'ensemble des manuscrits préparatoires antérieurs à l'état final du texte : carnets, notes, journal, lettres, plans, listes, schémas, ébauches, brouillons (correspondant à ce que l'on appelle les « repentirs » des dessinateurs). L'avant-texte recouvre le passage du texte imaginaire, tel que l'auteur en a eu la vision ou le projet, au texte réel qui sera jugé définitif. Cet avant-texte peut être déjà un texte, une phrase, une citation, un scénario. Il peut n'être qu'un rythme, une image, une émotion, un mouvement, une configuration de couleurs, de lignes, mais qui sont vécus, lus, entendus par l'auteur comme un texte virtuel auquel ne manquent que les mots, un pré-texte aspirant à s'actualiser. Ce texte en puissance, en produisant des fragments concrets de texte, eux-mêmes pleins de potentialités signifiantes, pousse à la production de nouveaux fragments ou de variantes des précédents.

*b* – L'avant-texte correspond au travail d'élaboration secondaire du rêve.

## *Proposition 42*

# PARA-TEXTE ET PARE-EXCITATION

LE PARA-TEXTE REMPLIT LA FONCTION DE PARE-EXCITATION.

### *Commentaires*

*a* – Le *para-texte* est constitué par les à-côtés imprimés du texte définitif : dédicace, adresse, notes, références, index, prière d'insérer… et par les à-côtés verbaux et non verbaux des manuscrits constituant l'avant-texte : dessins, croquis, pense-bête, appréciations, renvois…

*b* – Le lieu propre du para-texte est la marge. Le para-texte est contigu au texte au corps duquel il n'est pas destiné à être intégré (sauf pour certaines notes, développables en appendices). Il l'accompagne, l'encadre, le protège, l'orne, le débarrasse. Le point commun à toutes ces annotations est d'enregistrer ou de déverser dans les marges les préoccupations appelées justement marginales de l'auteur : oripeaux habillant la nudité du corps de l'œuvre, flatteries au lecteur, mémorandum des tâches de la vie quotidienne, idées à reprendre plus loin, vérifications à faire ; ou encore en écrivant, dessiner au lieu d'écrire faute d'une vision claire, faute de mots pour la dire, ou afin de chasser des pensées parasites…

*c* – La fonction du para-texte est celle d'un pare-excitation. Il définit la limite, l'interface entre le dedans et le dehors du texte. Cet interface permet le passage dans les deux sens.

## *Proposition 43*

# INTERTEXTE ET INDIVIDUATION

L'INTERTEXTE REMPLIT LA FONCTION D'INDIVIDUATION.

## *Commentaires*

*a* – L'*intertexte* est l'interpolation implicite dans l'avant-texte de passages « empruntés » à d'autres auteurs. Il est différent de la citation, qui ouvre les guillemets et explicite le nom de l'auteur cité. L'intertexte peut n'être qu'un étalage de culture, une duperie, un clin d'œil ironique ou complice au lecteur, une cryptomnésie. Plus profondément, il témoigne que les pensées circulent entre les personnes, qu'elles appartiennent à tout le monde, que l'écrivant et même l'écrivain tôt ou tard ne font que redire ce qui a été écrit par d'autres. La langue n'est-elle pas pleine d'expressions toutes faites qui ont été inventées par un auteur resté anonyme et adoptées par la collectivité et qui permettent à chacun de s'exprimer et de faire comprendre mieux que s'il inventait lui-même ses propres énoncés ?

*b* – L'écriture vient de la lecture et va à la lecture. Quand on écrit, on est plein de ce qu'on a lu, y compris de ce qu'on a oublié avoir lu. L'intertexte introduit une autre interface que le paratexte : la distinction entre ce qui provient du moi et ce qui est le fait d'autrui : l'intertexte est une forme de ce que Freud appelait une barrière de contact. Paradoxalement, il sépare et réunit les termes qu'il a séparés, en permettant des échanges entre eux. L'intertexte concerne la problématique de l'individualité. Un texte personnel est écrit avec les mots des autres ; les mots des autres nous servent souvent mieux que les nôtres à dire nos pensées, nos sentiments les plus personnels. L'intertexte traduit la fluctuation des limites entre la singularité et la banalité.

## *Proposition 44*

# CONTENANCES EMBOÎTÉES

LE CONTEXTE FONCTIONNE COMME CONTENANT DE L'ŒUVRE : L'ŒUVRE FONCTIONNE COMME CONTENANT DU TEXTE.

## *Commentaires*

*a* – Il n'y a pas de nourrisson sans une mère qui le maintient en vie, qui contient ses sensations/émotions, qui comprend ses besoins physiques et psychiques (Winnicott, 1958). Semblablement, il n'y a pas de texte sans contexte. Contexte externe : l'âge de l'écrivant, sa famille, son milieu, sa culture… Contexte interne : crise personnelle, angoisses dépressive, persécutive, retour d'une représentation refoulée ou clivée/projetée. L'ensemble des autres textes de l'auteur fait aussi partie du contexte.

Faulkner gagnait sa vie pendant un temps en travaillant la nuit comme chauffeur dans une centrale thermique qu'il alimentait toutes les trois heures en charbon. C'était son « poële », qui l'abritait de la nuit, du froid, de l'agitation extérieure. Il pouvait se concentrer sur ses fantasmes, les saisir, les contenir. Il écrivait son prochain roman sur un tabouret en guise d'écritoire à la lueur de la chaudière.

*b* – Texte et contexte sont dans une relation de contenant/contenu réciproque. La fonction du contenant maternel est déplacée sur l'œuvre : l'écrivain va mieux pendant le temps de l'écriture. Mais il lui faut trouver un site protecteur : l'officier Descartes (1637), l'hiver ayant suspendu les hostilités, s'enferme à l'abri du froid et de la guerre dans un « poële » (une pièce équipée d'un poële) ; il pense (en latin) qu'il pense : cogito ergo sum. Trois enveloppes se trouvent emboîtées : une enveloppe globale de paix, une enveloppe locale de chaleur, une enveloppe de pensées.

## Proposition 45

# L'IMPULSION « GÉNÉTIQUE »

L'IMPULSION « GÉNÉTIQUE » PRODUIT UNE RECHARGE LIBIDINALE ET SOUTIENT LA SUBLIMATION DE L'EXCITATION SEXUELLE.

### Commentaires

*a* – L'*impulsion « génétique »* met en fabrication le texte en impulsant la dynamique ci-dessus décrite : avant-texte, para-texte, intertexte, contexte. La production de brouillons, notes, fragments, peut être considérée comme un « analogon », une construction analogique de l'activité sexuelle.

Au premier niveau, celui de la production de plaisirs érotiques, un objet attirant (le corps de l'autre, le thème de l'œuvre) est visé par la pulsion sexuelle. L'écrivant joue avec ce corps, cette idée, en éprouve des plaisirs préliminaires. La satisfaction est d'ordre épidermique, auto-érotique ; elle met en jeu les pulsions partielles. Une parenté existe entre bricolage sexuel et bricolage littéraire, entre la main qui écrit ou qui caresse, entre la bouche qui parle ou qui embrasse, entre les yeux qui inspectent ou qui lisent, entre les fantasmes qui sont mis en acte ou en œuvre. Il y a dans l'écriture spontanée un aspect de compulsion masturbatoire éventuellement contagieux pour le lecteur. Certains textes, disaient les libertins au XVIII$^{e}$ siècle, par la précision, l'intensité de leurs évocations, ne peuvent être lus que d'une main.

*b* – Mais la production d'un texte n'est pas production d'un orgasme. L'orgasme est intense, bref, oubliable. Le texte – le texte fini ou en voie de finition, non plus le brouillon – est un produit corrigible, conservable, disponible. La pulsion en jeu n'est plus seulement érotique, elle est génitale et vise la procréation d'un être appelé à une vie autonome. L'œuvre littéraire est l'analogon de l'œuvre de chair. L'impulsion « génétique » devient génésique ; elle cumule désirs de concevoir, d'enfanter, d'accoucher. Le fruit d'une séquence de travail réussi dans la composition d'une œuvre consiste en une recharge libidinale qui fortifie le narcissisme.

# QUATRE DOCUMENTS

## *Document 1*

## LES CATÉGORIES DU JUGEMENT ET DE L'ENTENDEMENT SELON KANT

Kant (1781-1787) part d'une réalité langagière concrète, les jugements effectivement émis par les êtres humains avec une intention logique. Il les observe, les note, les classe et cherche à les qualifier. Les douze catégories de jugement ainsi établies permettent d'induire les douze catégories de l'entendement qui les sous-tendent et qui constituent la raison, en s'ajoutant aux deux formes *a priori* de la sensibilité que sont l'espace et le temps. En effet les choses sont inconnaissables *en soi*. Elles ne sont connaissables qu'à travers leur actualisation ici et maintenant. Kant classe les jugements logiques d'après leur forme, indépendamment de leur contenu, et les regroupe sous quatre rubriques, selon un mode de pensée ternaire. Voici les douze catégories du jugement [1].

La « quantité » qualifie l'extension plus ou moins grande du concept auquel s'applique le jugement (et non sa signification) ; de ce point de

1. *Critique de la raison pure*, (1re édition 1781 ; 2e édition 1787). Les passages cités se trouvent dans les *Œuvres philosophiques*, trad. franç., La Pléiade, Paris, Gallimard, tome 1, 1980, p. 827 et sq.

vue, le jugement est *universel, particulier* ou *singulier*, selon qu'il vaut pour une infinité d'êtres, pour un certain nombre (pluralité) ou pour un seul (unité). Kant prend ici le contre-pied d'Aristote, selon lequel il n'y a de science que du général ; il anticipe la notion de singularité, si importante maintenant en physique.

La « qualité » concerne la relation du prédicat au sujet à l'intérieur d'un seul jugement : de ce point de vue, le jugement peut-être *affirmatif, négatif* ou *infini* : cette dernière catégorie concerne le cas où c'est le prédicat, non le jugement, qui est négatif (par exemple : « L'âme est non mortelle »). Là encore, Kant, par ce troisième terme, anticipe la notion actuelle d'inachèvement : une psychanalyse est interminable (Freud), le travail psychique est infini.

La « relation » concerne le rapport du fondement à la conséquence logique entre deux jugements ; elle peut être *catégorique, hypothétique* (par exemple : « S'il y a une justice parfaite, le méchant obstiné est puni »), ou *disjonctive* (par exemple : « Le monde existe ou bien par un hasard aveugle, ou bien par une nécessité interne, ou bien par une cause extérieure »). Kant anticipe là l'opposition conjonction/disjonction, si importante à notre époque pour le structuralisme.

La « modalité » ne concerne plus, comme les catégories précédentes, le rapport du jugement à son contenu, mais concerne seulement la valeur de la copule, c'est-à-dire le degré ou la force de l'assertion émise par le jugement : « Les *jugements problématiques* sont ceux où on admet l'affirmation ou la négation comme simplement *possibles* (il y a le choix). Les jugements sont *assertoriques* quand affirmation et négation sont considérées comme réelles (vraies). Sont *apodictiques* ceux dans lesquels elles sont regardées comme *nécessaires*. Comme si la pensée était dans le premier cas une fonction de l'entendement, dans le second du jugement, dans le troisième de la raison. » (*Ibid.*, p. 830.) Kant me paraît là moins convaincant ; il tourne autour de ce qu'on appellera les relations d'incertitude (*cf.* le principe d'indétermination, Heisenberg, 1955 ; prop. 38, *c*), la relation d'inconnu (Rosolato, 1978) ; en un sens il est normal qu'il reste incertain sur les problèmes de l'incertitude.

Les douze catégories de jugements résultent de l'observation des jugements « empiriques », c'est-à-dire effectivement prononcés (ou prononçables) par les humains. Si ces jugements existent, qu'est-ce qui les rend possibles ? Comment l'entendement est-il organisé pour que son organisation se manifeste dans ces diverses catégories de jugements ? La démarche réflexive consiste ici à remonter des contenus manifestes à des structures latentes.

D'où la table des douze catégories de l'entendement sous-jacentes aux douze catégories de jugement (*Ibid.*, p. 834-835.)

TABLE DES CATÉGORIES

| I | II |
|---|---|
| De la quantité | De la qualité |
| *Unité* | *Réalité* |
| *Pluralité* | *Négation* |
| *Totalité* | *Limitation* |

III

De la relation

*Inhérence et subsistance* (substance et accident)
*Causalité et dépendance* (cause et effet)
*Communauté* (action réciproque entre l'agent et le patient)

IV

De la modalité

*Possibilité - Impossibilité*
*Existence - Non-existence*
*Nécessité - Contingence*

Les deux premières classes concernent des catégories « mathématiques » en ce sens que chaque catégorie se suffit à elle-même, les deux classes suivantes concernent des catégories « dynamiques » constituées par des couples de « corrélats ».

Beaucoup de questions se posent face à ce travail de réflexion considérable effectué par Kant. Qu'est-ce qu'une classification « logique » (au second degré) de jugements « logiques » (au premier degré) ? La systématisation des douze catégories de l'entendement met-elle en œuvre une ou plusieurs de ces catégories (et le système est alors fermé sur lui-même au risque d'être tautologique) ou met-elle en œuvre d'autres catégories (et pourquoi ces dernières ne figurent-elles pas dans la table des douze) ? Les jugements cités en exemple par Kant sont tous verbaux : la logique du langage est-elle assimilable à la logique de l'algèbre ou de la chimie ? Et si ces logiques sont différentes, y a-t-il une logique (au troisième degré) sous-jacente à tous les systèmes de logiques existants (voire de tous les types de logiques possibles) ? Pourquoi douze catégories (système duodécimal) plutôt que dix (système décimal) ou qu'un nombre premier et indivisible ? Pourquoi chacune des quatre grandes rubriques comporte-t-elle trois catégories ? Sur quoi une telle symétrie des catégories est-elle fondée ? Pourquoi la catégorie de symétrie ne figure-t-elle pas dans la liste des douze ? Ces catégories sont-elles idéales (c'est-à-dire constituant des normes de pensée selon lesquelles on doit raisonner) ou réelles (mais pourquoi l'enfant, le passionné, l'étranger à la culture occidentale fonctionnent-ils en mêlant à certaines de ces catégories d'autres catégories qui ne sont pas nécessairement sources d'erreur et qui peuvent même servir à des activités créatrices) ? Quels sont les rapports entre la pensée rationnelle et la pensée non rationnelle ? À quelles démarches, lois ou catégories obéit la pensée qui n'est pas gouvernée par la raison ?

Parmi les catégories dont on peut regretter l'absence chez Kant, certaines sont plus ou moins implicitement présentes. Par exemple : le couple d'opposés absolu/relatif (lié à l'opposition catégorique/hypothétique).

D'autres oppositions catégorielles sont utilisées en pratique par Kant sans qu'il en fasse la théorie :

- l'opposition symétrie/asymétrie ;
- l'opposition binaire/ternaire/quinternaire (avec sa variante décimal/duodécimal) ;
- l'opposition clôture/ouverture (d'un système)[1].

D'autres oppositions manquent sans doute parce qu'elles relèvent, non de l'entendement, mais des formes *a priori* de la sensibilité :

- les couples continu/discontinu, constance/changement, réel/imaginaire (oppositions communes à l'espace et au temps) ;
- les couples contenant/contenu, dedans/dehors (couples propres à l'espace, entrevus avec la catégorie de délimitation).

Des oppositions « essentielles » enfin me semblent absentes : mais il est vrai qu'elles concernent la démarche du penser, les processus qu'il met au travail, non plus les conditions ou les produits de l'application du penser aux objets de pensée (choses, mots, fantasmes) : les oppositions simple/complexe, analyse/synthèse, cadre/processus, forme/fond...

1. *Note sur l'opposition ouvert/fermé en architecture industrielle.* Dans leur rapport *Sur l'architecture des espaces industriels*, c'est-à-dire usines, supermarchés, bibliothèques (recherche commandée par la Direction de l'aménagement foncier et de l'urbanisme, 1979), P.-A. Michel et D. Clayssen (1979) ont étudié « la genèse » d'un prototype : la boîte close (« degré zéro de l'architecture industrielle »). Un tel bâtiment est clos (façade sans fenêtre, lumière artificielle à l'intérieur ou éclairage naturel par plafond vitré) et aveugle (les personnes qui se trouvent à l'intérieur n'ont nul accès visuel au cadre de vie extérieur). Ce prototype obéit à deux principes : non-distraction des employés et des clients, qui ne peuvent pas regarder vers le dehors ; protection-contrôle de ceux-ci. Ces deux principes découlent d'un principe premier d'isolation du dedans par rapport au dehors, censé favoriser la productivité et les coûts au détriment du bien-être physique et moral des travailleurs et des usagers.

## Document 2

# « LA LUNE EST BLEUE » : UN EXEMPLE D'ASSOCIATIONS LIBRES

*Patient.* — Que dois-je faire ?

*Analyste.* — Parlez librement.

*P.* — Peut-on parler n'importe comment ?

*A.* — C'est le cas le plus fréquent en début de séance.

*P.* — L'emploi juste des mots et leur assemblage en conformité aux règles ne sont-ils pas les deux conditions de production du sens ?

*A.* — Ou du non-sens. On peut dire n'importe quoi sans faire de fautes de vocabulaire, de grammaire, de syntaxe.

*P.* — Par exemple ?

*A.* — Dites la première phrase qui vous vient à l'esprit.

*P.* — La lune est bleue. Vous voyez bien que ça ne tient pas debout.

*A.* — La langue ne possède pas de critères internes permettant de discerner si ce qu'elle énonce correspond à la réalité.

*P.* — La vérité n'est pas l'affaire du langage. Elle est celle des êtres parlants.

*A.* — Et écoutants.

*P.* — Le destinataire a ses raisons propres d'écouter.

*A.* — Ou de ne pas écouter.

*P.* — Il interprète ce qu'on lui dit, tantôt à son avantage, tantôt à son détriment. Il se méfie de la complaisance ou de la méchanceté supposée du locuteur.

*A.* — Écouter, c'est supposer que l'autre a des intentions sur vous.

*P.* — Ou qu'il sonde les intentions éventuelles que vous pourriez avoir envers lui.

*A.* — Le locuteur peut dire toutes les phrases possibles, vraies ou fausses, sensées ou insensées.

*P.* — Et la fin des temps viendra quand toutes les phrases possibles auront été prononcées, c'est-à-dire lorsque la Bibliothèque de Babel chère à Borges sera pleine. Ne plus rien pouvoir inventer deviendra mortel.

*A.* — Revenons à votre exemple, « la lune est bleue ». À quoi cela vous fait-il penser ?

*P.* — C'est une affirmation gratuite. La lune est jaune, d'un jaune pisseux, surtout quand on l'aperçoit à travers les nuages.

*A.* — Avez-vous pensé que le bleu est la couleur complémentaire de l'orange ? Que parler peut être une façon de penser par contraste, par antiphrase ?

*P.* — Vous venez de me rafraîchir la mémoire : « La terre est bleue comme une orange », c'est un vers d'Éluard !

*A.* — Oui, à condition d'ajouter : un vers d'Éluard décrivant une toile de Magritte. C'est la liberté souveraine du peintre que de faire correspondre les couleurs de son choix aux qualités des choses.

*P.* — Je pense maintenant à un jeu ; il faudrait inventer un récit qui intégrerait ce vers ; par exemple : les cieux étaient rouges, la lune était bleue, des sanglots suintaient des murs, on assassinait César.

*A.* — Nous voilà partis dans la fiction ; revenons au réel. C'est la nuit qui est bleue.

*P.* — Le jour, quand il est sans nuage, l'est aussi.

*A.* — La nuit, les hommes s'habillent en smoking bleu de nuit pour sortir.

*P.* — Ils s'habillent pour aller voir au cabaret des femmes qui se déshabillent.

*A.* — Des femmes qui montrent leur lune.

*P.* — La lune est le mot tendre pour désigner la partie postérieure du corps chez l'enfant, chez la femme, mais il ne convient pas à la virilité de l'homme.

*A.* — La lune est la partie du corps semblable chez les deux sexes.

*P.* — Passer au bleu, c'est effacer.

*A.* — La vision du derrière effacerait-elle celle d'un devant ?

*P.* — Brusquement, je me souviens de mon grand-père observant la toilette de sa petite-fille, près du feu qui brûlait dans la cheminée. Elle sortait du bain et on la séchait. Elle était nue. Il la voyait de dos et il s'est écrié : « Je vois la lune ! » À ce moment, la mère a fait se retourner l'enfant pour la sécher de l'autre côté. Elle est apparue avec la fente de son sexe bien visible, et le grand-père s'est écrié : « Je vois le soleil ! » J'avais huit ans. J'ai eu la vision d'un ciel déchiré et sanglant, sur le modèle du culte de Mithra dans l'Orient antique où le soleil était porté par les cornes du taureau mis à mort et perdant son sang, permettant ainsi au soleil de se nourrir, de revivre et de revenir.

*A.* — La lune bleue serait l'antidote du soleil rouge.

*P.* — C'est plus complexe. La lune est bleue des coups reçus pendant l'enfance.

*A.* — La lune est sans lumière propre. Elle renvoie le reflet de la lumière terrestre ; l'ombre est notre double solaire, les fantômes sont nos doubles lunaires.

*P.* — Je pense au culte de la lune rendu jadis en Grèce par les prêtresses, gardiennes du feu et du calendrier. Elles devaient être treize, correspondant aux mois de l'année lunaire. Au début de chaque mois, l'une d'elles était déflorée rituellement par le grand prêtre.

*A.* — Ou par les plus vigoureux de ses assistants.

*P.* — La lune serait le fantasme qui illumine notre inconscient.

*A.* — « Cette obscure clarté qui tombe des étoiles. »

*P.* — Comme la lune, l'inconscient nous présente son visage de profil, de face, de trois-quarts, et puis à certains moments, plus rien : il a pris ses quartiers.

*A.* — Et ne nous fait pas de quartiers.

*P.* — L'allégorie de la lune bleue nous enseignerait-elle que l'humain n'en a jamais fini avec l'impuissance ?

## Document 3

# UNE TRIPLE MÉPRISE OU LA CONFUSION PRIMAIRE DE L'ANIMÉ ET DE L'INANIMÉ [1]

Eurydice arrive très émue à sa séance. Elle vient d'assez loin en voiture. Sur la route, au sortir de chez elle, elle a vu un homme, debout sur le bas-côté, qui faisait de l'auto-stop, pouce levé. Elle ralentit et, en s'approchant, elle constate successivement :

- que ce n'est pas un homme mais une femme ;
- qu'il ne se tient pas debout mais qu'elle se déplace à vélomoteur ;
- qu'il ne se présente pas de face mais qu'elle est vue de dos, car cette cyclomotoriste roule dans le même sens que ma patiente.

En s'apercevant de sa triple méprise, Eurydice, me rapporte-t-elle, a été saisie d'une vive angoisse. Au lieu de rejoindre et de dépasser le vélomoteur, elle a pris peur, elle a tourné à droite par erreur dans la première rue venue, elle s'est perdue, elle a tourné en rond, elle a fini par retrouver son chemin sans savoir comment et elle s'est présentée juste à l'heure de sa séance.

Face à des confusions perceptives qui menacent le cadre spatio-temporel sur lequel s'étaye le moi, le travail psychanalytique me semble devoir être d'abord un travail de mise en ordre. J'interprète donc comme suit, en ordonnant l'enchaînement de ses confusions : sa confusion primordiale est celle de l'animé et de l'inanimé ; vient ensuite la confusion entre devant et derrière ; et enfin celle entre homme et femme ; au fur et à mesure qu'augmentait son angoisse en venant à la séance, elle a régressé à des confusions de plus en plus primitives et sa méprise lui a fait parcourir en sens inverse l'ordre de ses confusions.

Eurydice associe en réévoquant le souvenir de la mort de son grand-père qu'elle a tellement aimé. Elle est arrivée à la maison mortuaire au moment de la toilette funèbre. On soulevait le mort pour le changer. Elle a vu le cadavre de son grand-père s'animer et elle a été saisie de cette même angoisse qu'à la vue du vélomoteur en mouvement alors qu'elle s'attendait à avoir affaire à un corps d'homme immobile. Elle associe un autre souvenir, déjà rapporté mais non rapproché du précédent. Au cours d'une scène de chasse, elle a vu un furet sortir du

1. Ce document a été publié pour la première fois dans la *Nouvelle revue de psychanalyse*, n° 25, 1982, p. 215-222.

terrier où il avait capturé un lièvre qui pendait à sa gueule et qu'elle a cru mort ; soudain celui-ci se secoue dans les soubresauts de l'agonie. Elle ajoute : c'est un spectacle pervers, mais sans jouissance. Comme elle lit alors beaucoup Freud, elle en arrive à se demander s'il y a un autre déni de la réalité que celui de la différence des sexes.

*Moi* : « Oui. Le déni de la réalité de la mort. La confusion animé/inanimé est bien la première qui a joué pour vous. Le vivant, c'est le mouvement. L'immobilité physique peut entraîner la mort, vous en savez quelque chose. Vous demandiez à la réalité qu'elle vous confirme que l'inverse était possible : quelqu'un que l'on croit mort peut s'animer. Mais cela réveillait en vous l'angoisse première. » (Je faisais allusion là à une déformation des hanches qu'on avait corrigée au cours de sa première année de vie en maintenant ses jambes et son bassin attachés à un système d'attelles pendant plusieurs semaines.)

Eurydice revient sur cette période où elle a été attachée immobile au lit avant de savoir parler et elle peut me formuler l'angoisse de mort qu'elle éprouvait alors.

Je reprends mon interprétation pour la compléter : « En fait votre angoisse de mort intervient à deux niveaux. Au niveau dont nous parlons, il s'agit du manque de mouvement… »

Elle m'interrompt pour évoquer son besoin quotidien de marcher, dont elle n'avait jamais parlé comme d'une exigence importante. Maintenant elle le comprend comme un démenti, à reproduire interminablement, de cette angoisse d'une immobilité mortelle.

*Moi* : « Un autre niveau est en rapport avec la respiration, c'est l'angoisse du manque d'air, de l'étouffement. Cette angoisse nous ramène à votre naissance et à vos troubles respiratoires dont vous avez souvent parlé. » (Il avait longtemps fallu la ranimer.)

Elle associe aussitôt deux états contraires que, là encore, elle ne s'était pas jusque-là expliqués. D'une part son bien-être dans l'eau ; elle respire sans peine en nageant.

Je lui souligne le rapport à la vie intra-utérine, en émettant l'hypothèse que celle-ci a donc dû être heureuse pour elle.

Elle continue : d'autre part, quand elle boit, elle avale de travers, elle risque l'accident.

*Moi* : « Naître, pour vous, pour votre mère, a été un accident. »

Eurydice quitte sa séance, calmée, désangoissée, avec le sentiment d'avoir retrouvé sa vitalité.

Aux séances suivantes, le travail psychanalytique traite des répercussions sur son image du corps (confusion devant-derrière) et sur son identité sexuelle (confusion homme-femme), de la confusion primordiale pour elle entre l'animé et l'inanimé.

*1*. Eurydice part à sa séance ; l'affect dysphorique est déjà là et c'est cette angoisse inconsciente qui provoque sa triple méprise. L'épreuve de la réalité que son moi conscient dédoublé reste capable de faire la met en face de sa méprise, rend l'affect conscient et ajoute à l'angoisse latente une angoisse supplémentaire, celle d'être à la limite d'avoir des hallucinations et de devenir folle. Ce sont les parties « folles » d'elle-même qui, ainsi, se trouvent enfin découvertes et apportées en psychanalyse.

La nature de cette angoisse peut-elle être précisée ? Il s'agit vraisemblablement d'une angoisse de l'abandon. La première méprise : un homme debout sur le bas-côté lève le pouce pour être pris en auto-stop, est une dénégation de cet abandon : on trouve toujours quelqu'un pour vous prendre en auto-stop. Les grands-parents d'Eurydice avaient rempli cette fonction. Et quand, deux ans plus tôt, Eurydice m'avait fait signe, me parlant de façon assez confuse d'un état intérieur qui l'inquiétait et qui apparut peu à peu être une crainte de la confusion mentale, je l'avais assez rapidement reçue et j'avais accepté de la prendre en traitement. Je représente donc aussi pour elle le grand-père-mère, qui répond aux signes, avec qui il est possible d'entrer dans une communication suivie.

Jusqu'ici Eurydice s'est servie de mes interprétations pour renforcer les fonctions du moi défaillantes chez elle et sans doute les ai-je données aussi en acceptant qu'elle en fasse cet usage. Cet état de désorganisation intérieure auquel elle continue de faire allusion, elle s'en défend de mieux en mieux, tout en s'en approchant de plus en plus. La triple méprise est l'événement qui fait basculer l'équilibre. Elle a suffisamment étayé son moi conscient sur la solidité du cadre psychanalytique et elle a acquis une confiance suffisante dans le processus et dans le travail psychanalytique pour passer par-dessus ses résistances et pour livrer, dans le transfert, les particularités de sa détresse originaire.

*2*. En quoi consiste cette détresse ? Me référant aux travaux de Frances Tustin (1981), et acceptant son hypothèse de l'existence d'un état d'autisme primaire normal chez tous les nourrissons, je dirais qu'Eurydice est sortie de cet état de non-intégration, mais d'une façon tardive et mal assurée, en conservant une fragilité dont la menace la poursuit. On sait que, pour Frances Tustin, l'enfant autiste nie la séparation, qu'il ressent comme catastrophique, de son corps et du corps de sa mère, qu'il annule l'événement et le déchirement de sa naissance, que les stimuli sensibles le percent de trous, qu'il se réfugie dans une béatitude qui proroge l'état intra-utérin, et qui s'oppose à l'établissement des distinctions psychiques fondamentales : rêve-sommeil, réel-imaginaire, dehors-dedans, moi psychique-moi corporel.

L'acquisition de ces distinctions signe l'émergence progressive du tout-petit hors de l'état d'autisme primaire normal.

Deux facteurs ont compliqué cette émergence pour la petite Eurydice. Les contrecoups de la désorganisations psychique maternelle ont vraisemblablement développé chez l'enfant une identification introjective à une mère désorganisée en même temps qu'aimante et très aimée. Par ailleurs, à l'âge où, par l'exercice actif de la musculature, le bébé acquiert ce qu'Esther Bick (1968) appelle la seconde peau et Frances Tustin (1981) un moi-carapace (ou moi-crevette), Eurydice fut fixée à des attelles et maintenue au lit à peu près immobile pendant des semaines. Je m'explique sa détresse comme la terreur de se retrouver avec seulement un moi-poulpe, exposé à la pénétration d'excitations d'origine indifférenciée, et sans le secours d'un moi-environnement auxiliaire remplissant les fonctions de pare-excitation quantitatif et de filtre qualitatif.

La triple méprise d'Eurydice confirme l'hypothèse de Frances Tustin selon laquelle la distinction animé-inanimé est première et fonde la possibilité des suivantes. La confusion de l'animé et de l'inanimé n'est pas un trouble de la pensée (ce serait plutôt un trouble de la perception) : c'est un état angoissant qui affecte la possibilité même de penser, qui handicape plus ou moins durablement l'acquisition de ce que Bion appelle l'appareil à penser les pensées. Il n'est pas dans mon propos d'étudier tous les avatars de cette confusion. J'en signalerai seulement deux : l'animé perçu comme inanimé (Joë, l'enfant-machine décrit par Bettelheim, 1967 ; l'appareil à influencer étudié par Tausk, 1919) ; l'inanimé perçu comme animé (l'inquiétante étrangeté, la machine qui devient à la fois humaine et inhumaine, la littérature fantastique).

*3*. L'acquisition du schème d'« animé » requiert la combinaison de deux expériences corporelles. D'une part un être animé possède, dans certaines limites, la capacité d'avoir l'initiative de ses mouvements ; l'objet inanimé est naturellement immobile : il reçoit ses mouvements de l'action de forces étrangères. Au sens strict du mot, l'être humain est auto-mobile. D'autre part, *animus*, c'est le souffle, confondu avec l'âme ; un être animé est un être qui respire.

Les associations d'idées d'Eurydice illustrent ce double sens, moteur et respiratoire. D'une part, elle a été immobilisée vers six-huit mois à l'âge où le bébé s'assied, se retourne, donne des coups de pied ; mais elle ne l'a été que pour la moitié inférieure du corps ; la tête et les mains ont conservé, avec leur mobilité, leur prise sur le réel, et Eurydice a surinvesti, au cours de sa scolarité et dans son métier, des attitudes intellectuelles en rapport avec certaines activités manuelles. D'autre part, sa naissance a été difficile, parce qu'elle n'était plus désirée (alors que sa conception l'avait été : là encore, demi-mesure qui lui ouvrira la possibilité d'une véritable vie amoureuse), il a fallu la « ranimer », elle a peur que le souffle ne lui manque, l'histoire de ses maladies se résume pour l'essentiel à la répétition interminable d'affections respiratoires.

On peut faire l'hypothèse, chez le bébé, du sentiment d'un soi primaire, illimité, lié à sa propre motricité, d'abord réflexe, mais où l'adhésion de sa conscience et l'intervention de sa volonté jouent un rôle grandissant. Au fur et à mesure que se développe ce sentiment d'être soi, c'est-à-dire d'être le moteur de ce qui se produit et d'être par là même un être unique, le bébé distingue dans son entourage les objets inanimés des êtres animés qui se comportent comme ayant, eux aussi, un soi et qu'il investit très tôt comme des « objets », au sens psychanalytique du terme. Il se passionne pour les objets inanimés qui bougent en faisant du bruit (les hochets, par exemple) mais qui sont animés parce qu'ils lui sont donnés par des êtres animés. Inversement, comme il ne différencie pas encore les choses de la place qu'elles occupent dans l'espace, il peut être terrorisé lorsqu'on approche de lui des objets matériels, même si ce sont ceux qu'il demande, car l'objet alors se modifie, l'espace change, le mobile est perçu comme s'étant mis en mouvement de lui-même et comme devant continuer ce mouvement, et heurter, traverser, détruire le corps du bébé.

Eurydice précisera par la suite qu'elle a l'angoisse de tomber dans un état où elle perdrait ses limites et où son être se dissiperait, ce que j'entends : où son soi se volatiliserait, deviendrait cet air qui lui manque et se dissiperait avec lui en d'infinies particules invisibles.

*4.* La confusion primordiale de l'animé et de l'inanimé a subsisté comme point d'achoppement qui a fait trébucher la pensée d'Eurydice lorsqu'il s'est agi d'opérer des distinctions ultérieures : la distinction de ce qui relève d'elle et de ce qui relève de l'environnement ; la distinction du moi-peau tactile et du moi-peau musculaire ; la distinction du vivant et du mort ; la distinction de la rigidité cadavérique et de l'érection du pénis. Toute une partie du travail psychanalytique a consisté à rétablir ces distinctions et à donner plus de consistance au moi psychique d'Eurydice et moins de sensibilité douloureuse à son moi corporel. La confusion devant-derrière s'est, par exemple, avérée chez elle autant kinesthésique et temporelle qu'anatomique et spatiale : sera-t-elle cette femme qui va de l'avant sur son cycle à moteur autonome (c'est-à-dire par son propre pouvoir auto-mobile) ou restera-t-elle immobilisée sur le bord de la route, dans la quête suppliante, interminable et vaine d'un face-à-face identificatoire avec le père disparu de sa vie ? Quant à la confusion homme-femme, elle s'est pleinement développée dans le transfert : tantôt le psychanalyste était ce père retrouvé, ramené du royaume des ombres par la puissance des désirs incestueux d'Eurydice ; tantôt il remplissait le rôle d'une mère qui s'abstient de donner des soins mais qui émet et reçoit continuellement des signes (à l'inverse de la mère d'Eurydice, qui consacrait à celle-ci beaucoup de soins et peu de signes).

Rappelons qu'au sens mathématique, une interface est une surface immatérielle sans épaisseur qui sépare deux régions de l'espace dotées de régimes différents : la différence ne peut s'établir que par une surface de séparation, qui est aussi une surface de contact et d'échange entre les deux régions. La première interface est constituée par la représentation inconsciente d'une peau commune à la mère et à l'enfant, qui se trouvent attachés ensemble par cette peau, de part et d'autre de laquelle chacun d'eux se tient. C'est cette peau commune qui a été malmenée chez Eurydice dans les débuts de sa vie et que le travail psychanalytique a eu à reconstituer.

Eurydice quitte sa séance calmée (son enveloppe psychique a été reconstituée, les « trous » de confusion lui sont devenus pensables) et revitalisée : une des fonctions du moi-peau (anticipée par Freud dans sa description des « barrières de contact » en 1895) est d'être un conteneur d'énergie, une surface stable sur laquelle les pulsions peuvent trouver des points d'ancrage précis, au lieu de s'éparpiller dans un espace diffus, dans une nébuleuse sans limites où leur poussée se vide de sa force.

*Document 4*

# UNE LOGIQUE TOLÉRANTE AUX PARADOXES : LE SYSTÈME MYSTIQUE [1]

Je suis frappé de voir à quel point la vie mystique se place sous le signe du paradoxe. Je constate aussi que les mystiques sont généralement conscients du caractère absurde (pour la raison) de leur entreprise : Pascal n'est pas le seul à parler d'un « renversement perpétuel du pour au contre » et de la « folie de la Croix ». Leur démarche ne leur paraît d'ailleurs paradoxale que parce qu'elle est à l'image d'un objet, d'une réalité dont la nature serait elle-même paradoxale. L'entreprise mystique requiert la non-résolution de tous ces paradoxes, que ce soit ceux qui caractérisent sa démarche ou ceux qui caractérisent son objet : qu'est-ce qu'un mystère, pour un croyant, sinon un paradoxe non résolu ? Les mystiques obéissent à une logique rigoureuse de la non-résolution du paradoxe.

Parlerais-je ainsi si je n'avais fait deux sortes d'expériences dont j'ai cru, à tort ou à raison, qu'elles n'étaient pas sans rapport avec ce que les mystiques relatent de leur côté ?

Expériences de création littéraire d'une part. Cela commence par l'isolement dans mon bureau, avec le vide de l'intelligence, de l'imagination et des sens devant la page blanche, avec, dans mon être intérieur, le sentiment d'une déréliction radicale. Là, déjà, les mots trahissent. Y a-t-il encore un intérieur, non seulement parce qu'il est vide, mais parce que j'expérimente en moi combien mon volume s'est aplati ? Je ne suis plus qu'une surface sans profondeur, le corps écrasé d'une bête sur la route, tube digestif et tuyau respiratoire confondus le traversant d'une dernière arête de vie. Et puis-je parler d'un sentiment, oui, mais dépourvu d'affect : indifférence, aridité, sécheresse – en bref, un blanc, je suis un carré blanc sur fond blanc. Une absence, si l'on veut, mais l'absence tout autant d'un extérieur à moi-même qui me stimulerait, m'intéresserait, me ferait sortir de mon néant et « ek-sister ». J'ai perdu tout contenu mental, les représentants de mots et les représentants de choses, les idées, les images, les émois et jusqu'au processus de la figurabilité. Il ne me reste plus qu'à abandonner

1. Une première version a paru sous le titre « Du code et du corps mystiques et de leurs paradoxes » dans la *Nouvelle revue de psychanalyse*, automne 1980, n° 22, 159-177.

d'écrire, mais ce serait renoncer à être, et je persiste, inertie, douleur, rien, entre l'irrenoncé et l'imprononcé. C'est comme la nuit d'agonie du Christ au Jardin des Oliviers, mais en plein jour, un jour dont la clarté ne me concerne pas. J'étouffe un cri : Monde intérieur, pourquoi m'avoir abandonné ? Soudain la lumière d'une joie, d'un tremblement s'anime, me ranime, c'est une douleur qui flambe, ou un rythme qui se scande, empreinte retrouvée plus loin, trace ou indice que je fus mais que j'aurais pu ne plus être, signaux d'avant les mots, et ceux-ci me reviennent, et l'espoir avec eux, mais comme ils me paraissent malhabiles et inappropriés à cerner l'inattendu qui surgit, comme je dois les chercher, les substituer, les raturer – eux au moins sont malléables –, et je rejaillis vivant, mais convalescent, et péniblement écrivant, pliant enfin le langage à mes formes et aux mesures de mes replis, attentif à ne rien perdre de la révélation qui se fait, dans l'angoisse, dans l'extase, et qui a quelque chose à voir avec ce que Winnicott (1958) appelle le vrai-soi caché, ou encore avec les maladies initiatiques décrites par les ethnologues et qui font parcourir à ceux que nous appelons des primitifs le cycle de la mort et de la résurrection.

Expériences de groupe, d'autre part. Au cours de séminaires résidentiels à but formatif, se déroulant sur plusieurs jours, la rencontre intensive de chacun avec son propre fonctionnement psychique et avec celui des autres produit parfois des moments collectifs d'une grande intensité émotionnelle, où disparaissent la floraison verbale et la fomentation fantasmatique des jours précédents, moments de silence quasi sacré que la plupart des participants et des interprétants reçoivent en partage non pas dans l'exaltation typique de l'illusion groupale, mais avec humilité, avec un sentiment de transparence obscure, de certitude réciproque, d'être au cœur d'un mystère dont il serait indécent d'essayer de dire quelque chose si ce n'est qu'il y a là de la densité ou de la plénitude. Moments où se mêlent une angoisse aiguë, une joie grave, où le recueillement de tous enveloppe chacun et lui permet non pas de s'approfondir, ou de mieux se connaître, mais de trouver et de garder, pour un temps plus ou moins durable, le contact avec sa réalité intérieure la plus secrète, la plus personnelle, la plus vivante. En ce même temps, c'est là le paradoxe spécifique de ce genre d'expérience, cette réalité intérieure qui le fait être soi apparaît alors à la plupart comme une réalité transindividuelle, comme la matrice commune de leurs psychismes jusque-là séparés, voire opposés, comme l'origine indifférenciée de leurs différenciations, comme l'unité de leur pluralisme, comme l'esprit de leur corps, un esprit qui fait de leur groupe une individualité psychique singulière tout en fondant chaque membre comme personne distincte et unie aux autres – autre paradoxe.

Le vocabulaire religieux décrit ainsi le phénomène : on se sent lavé, purifié, racheté, transfiguré ; on revêt un manteau de lumière ; on s'abîme dans une contemplation ; on connaît et on respecte la dignité, la singularité des personnes, on « parle en langues », c'est-à-dire qu'on parle à l'autre, dans l'immédiateté, sa langue ; on est habité par une révélation, à la fois individuelle et collective ; on se sent associé comme par un tissu sans couture à toutes celles et à tous ceux avec qui on assiste à cette épiphanie et parmi lesquels il arrive qu'avec tel ou telle on noue des liens particuliers, inextricablement libidinaux et narcissiques, qui dureront huit heures, huit jours ou toute la vie. Mais ce vocabulaire à visée apologétique ne laisse pas assez libre de l'interprétation et de la suite à donner. La notion de « relation d'inconnu » développée par G. Rosolato (1979) me semble préférable.

Ces états paramystiques éprouvés en groupe n'ont pas échappé à certains théoriciens du groupe : René Kaës (1973) a décrit, sous l'expression d'*archigroupe* (ou d'*archégroupe*), « cette puissance fantasmatique et idéale du groupe comme origine et comme fin » sur lequel est transférée « la puissance initiatique et sacrée de l'objet primordial auquel est soumis, à l'origine, le tout-petit : celle de la mère prégénitale ». Le recours à l'archigroupe serait une quête régressive du sens originel « perdu » de l'existence, dont la retrouvaille procurerait ravissement, jouissance extatique et, dans certains cas, possibilité de construction d'un nouveau projet d'existence. « En ce temps-là, il n'existe encore ni chef ni membre, ni dieu ni maître, mais d'abord un corps, un corps pareil qui s'éprouve comme un tout..., un dedans... qui se confond avec le sacré..., utopie paradisiaque..., an-archie heureuse. » C'est à partir de cette matrice que les groupes se différencient, d'abord en se personnifiant, puis en se donnant un leader, et enfin une idéologie. L'existence commune trouve dans cet archaïque son fondement et son pouvoir. Les projets, individuels et collectifs, qui en dérivent sont pris dans une tension, propre à l'appareil psychique groupal, entre une tendance à l'isomorphie, à l'identité de l'avenir et du passé, et une tendance à l'homomorphie, à la similitude qui ouvre, pour une collectivité, un champ libre à son histoire par rapport à ses origines (R. Kaës, 1976).

La complaisance des individus à fantasmer ensemble dans les groupes les dote d'une enveloppe collective qui leur assure une unité imaginaire et qui les protège du contact de chacun avec le soi caché de lui-même et des autres (beaucoup parler étant une des meilleures façons de ne pas communiquer).

Ces moments « mystiques » surviennent dans les groupes quand l'évolution de la dynamique groupale suspend chez les individus l'exercice sensoriel (privilégié par les méthodes dites corporelles), l'exercice fantasmatique (privilégié par la psychanalyse), l'exercice intellectuel (privilégié par les théories cognitivistes) : triple dépouillement [1] qui est précisément celui de l'ascèse mystique.

Un nouveau paradoxe est que l'expérience mystique n'en est pas une. Pour l'intéressé, il ne s'agit pas de faire une expérience ; l'enjeu en est beaucoup plus grave, et le mystique ne reste pas le sujet de ce qu'il accomplit : il se perd comme tel et découvre que le véritable sujet est l'Autre, qui est celui qui est et en qui il est. D'où ce « sentiment océanique » dont Romain Rolland parlait à Freud (1936), sans grand succès. Winnicott (1958) présente la notion de soi caché par un paradoxe analogue : c'est un état psychique (et non un processus) qu'on ne peut ni connaître, ni même éprouver, et encore moins communiquer, mais avec lequel, quand on rêve la nuit, quand on agit de façon vivante le jour, on a un certain contact, que le plus souvent on perd, mais que l'on peut faire pressentir à d'autres. Ce soi caché est un vécu si précoce ou si intense que l'appareil psychique, alors trop peu développé ou trop désorganisé, n'a pu en faire l'expérience ; il subsiste depuis, inéprouvé, silencieux, étranger au moi, enkysté à la périphérie du soi. Dieu caché, soi caché...

Un autre paradoxe mystique est celui du vide et de la plénitude. La *Montée du mont Carmel*, premier grand texte de saint Jean de La Croix, décrit les étapes successives de l'arrachement et de la dépossession spirituelle : l'âme se dépouille de la stimulation des sensations, de la fantasmagorie des images, de la lucidité de l'intelligence. Quand elle n'a plus rien à elle et qu'il n'y a plus rien en elle, qu'elle s'est remise entièrement à Dieu, absent et recherché avec angoisse mais aimé pour lui et par-dessus tout, peut se produire « la nuit obscure de l'âme » (c'est le titre du second texte de Jean de La Croix), où Dieu se donne à contempler comme pur amour et revivifie en l'âme (« relibidinalise », dirions-nous) les vertus et les dons reçus par elle en partage. Ainsi le vide intérieur (réitéré) peut-il seul faire la place, à

1. Saint Augustin, puis Blaise Pascal, s'appuyant sur un texte de saint Jean, définissent de façon un peu différente le triple dépouillement de l'âme dans son chemin vers l'union à Dieu ; il s'agit de renoncer aux trois libido : *libido sentiendi, libido sciendi, libido dominandi* (désir de sensation, désir de connaissance, désir de domination), correspondant aux trois ordres pascaliens : la chair, l'esprit, le cœur. Dans quelle mesure le désir de domination, que la charité transcende en désir de soumission à Dieu, serait-il assimilable au fantasme, qui est toujours une tentative d'avoir le pouvoir sur d'autres ? Pascal en effet a insisté sur « les cordes d'imagination » par lesquelles le pouvoir politique assoit son autorité. Quant aux deux autres désirs (de sensation et de connaissance), il est patent qu'ils trouvent à s'accomplir dans des théories respectivement sensori-motrices et cognitivistes.

travers l'angoisse de l'attente et la douleur de l'absence, à une plénitude se donnant librement dans une révélation.

J'ai essayé de constituer un paradoxe métapsychologique qui corresponde dans la théorie psychanalytique à ce paradoxe interne à la vie mystique : la dispersion de la pulsion de vie dans ses buts et ses objets est suspendue par le moi (c'est l'ascèse) ; l'espace psychique ainsi laissé vide est investi massivement par la pulsion de mort (c'est l'angoisse) ; la pulsion de vie, une fois retournée et concentrée sur sa source et sur sa poussée, fait retour sous forme d'une recharge libidinale dont l'intensité est considérable (c'est l'extase). Cette concentration est vécue comme union avec Dieu, source de vie, et la recharge libidinale produit chez le mystique bien des effets secondaires qu'une interprétation psychanalytique un peu courte serait tentée de réduire à l'hystérie : éjaculations, orgasmes sans manipulations corporelles, ravissement amoureux, impressions subjectives de transport, de lévitation, de bilocation, hallucinations visuelles, auditives, rencontre d'un feu intérieur, transmission de pensées. Dans toutes les religions, les grands mystiques mettent d'ailleurs en garde contre la fascination exercée sur le débutant par de pareils états, qu'ils considèrent comme des balbutiements, des dérives, voire des déchets d'une vie mystique authentique. Ces impressions sont vraisemblablement dues au fait que, par suite de l'ascèse, et d'éventuelles techniques de stimulation respiratoire rythmée, ou de transes, ou de longue immobilisation physique, ou de gestes indéfiniment répétés, le moi psychique déshabite le moi corporel et ne localise plus les sensations dans le corps mais dans l'espace psychique, qui tend alors à être illimité.

Cette recharge pulsionnelle dote le mystique d'une énergie exceptionnelle qui lui permet de faire face à la solitude, aux intempéries, au désert, aux persécutions, ou de se consacrer à la fondation de multiples confréries ou monastères.

Une variante de ce paradoxe (c'est dans le vide extrême qu'on rencontre un plein absolu) met en jeu l'opposition de l'inquiétude et de la quiétude. L'inquiétude, c'est l'*ennui*, au sens fort pascalien, qui permet de saisir la différence entre le manque (de l'objet d'amour et de satisfaction) et le vide (de la non-construction de l'enveloppe psychique, du moi-peau).

« Le vide intérieur est secondairement le manque de quelque chose, ou de quelqu'un : du sein, partiel et tout-puissant, de la mère auquel le nourrisson est fantasmatiquement uni. Mais, en un premier moment, il est défaillance du contenir, une perte non plus de l'objet mais de l'être, et qui entraîne une hémorragie de substance vitale. “Ainsi l'homme est si malheureux qu'il s'ennuierait même sans autre cause d'ennui par l'état propre de sa complexion.” (Pascal, *Pensée* 134.)

Sous la dénomination d'"ennui" qui avait au XVII^e siècle le sens fort que nous donnons aujourd'hui à angoisse, Pascal donne de cette carence première, toujours présente au fond du psychisme – carence de quelque chose qui n'est pas encore constitué –, une description saisissante : "*Ennui.* – Rien n'est si insupportable à l'homme que d'être dans un plein repos, sans passion, sans affaire, sans divertissement, sans application. Il sent alors son néant, son abandon, son insuffisance, sa dépendance, son impuissance, son vide. Incontinent, il sortira du fond de son âme l'ennui, la noirceur, la tristesse, le chagrin, le dépit, le désespoir". (*Pensée* 672.) Cette dense et précise description existentialiste annonce sous forme intuitive bien des résultats de l'étude psychanalytique à venir de l'angoisse : prématurité et détresse du nouveau-né, sentiment d'impuissance radicale, dépendance envers l'autre pour obtenir la satisfaction de ses besoins physiques et psychiques, séparation vécue comme rejet et comme destruction. » [1]

Je compléterai cette analyse sur deux points. Premièrement, l'angoisse du vide de l'être, ou du vidage de soi, est corrélative d'un désétayage du moi sur la peau et sur la surface d'ensemble du corps. Deuxièmement, l'absence du bon sein réel n'est pas vécue par le psychisme peu différencié du tout-petit dans le registre de la négativité, de la disparition, du manque ou de la perte mais, ainsi que l'a montré Melanie Klein (1957), comme la présence brusque, massive, envahissante, du mauvais sein destructeur, qui suscite chez le tout-petit un élan agressif si épouvantable qu'il ne peut à la fois que le haïr et se haïr. L'inquiétude, l'ennui pascalien, le silence de la page vide, la sécheresse de l'âme que les mystiques décrivent, ne serait-ce point le tableau de ce désert intérieur au soi quand l'environnement nécessaire à la survie psychique et somatique est muet, indifférent, sans réponse ajustée ? Et la quiétude, la renaissance joyeuse d'un soi psychique infini retrouvé avec la pulsion de vie dans toute sa poussée ?

Le paradoxe du dedans et du dehors découle des précédents. Dans l'union mystique, l'âme entière devient l'autre, l'« aimée transformée en l'aimé » (Jean de La Croix). Pour Maître Eckhart, l'âme possède une essence propre, correspondant à une idée dans l'intelligence divine, mais non une existence propre. L'être en tant qu'existant est Dieu (« *Esse est Deus* »). L'expérience mystique fournit la preuve que c'est la même existence qui appartient à la fois à Dieu et à ses créatures. Ainsi, sur le plan de l'existence, l'âme unie à Dieu ne s'en distingue

1. *Cf.* D. Anzieu, « Naissance du concept de vide chez Pascal », *Nouvelle revue de psychanalyse*, 1975, n° 11, p. 201. Les pensées de Pascal ici citées le sont d'après l'édition Tourneur-Anzieu (Éd. de Cluny, A. Colin, 1960).

plus, ce qui valut à ce théologien l'accusation de panthéisme. La saisie mystique semble bien être celle d'une « excentration ». Le noyau d'un être ne se trouve pas au centre du soi mais à sa périphérie, là où Dieu l'enveloppe. Au plus intime de moi, rien, qu'un manque à vivre. C'est par l'écorce que j'existe, une écorce qui est l'existence absolue d'un Autre. Mon vrai dedans est un dehors à l'intérieur duquel je suis.

Personne n'est curieusement plus actif de par le monde que beaucoup de mystiques qu'on aurait pu en croire retirés. Ce paradoxe de la contemplation et de l'action a été bien saisi par Maître Eckhart : au cours de l'union mystique, l'âme absorbée en Dieu se compénètre avec lui et elle opère dès lors tout avec Dieu et en Dieu ; c'est le quiétisme. Uni à Dieu, le mystique participe à la création divine et la continue. Pour les uns, par la concentration de la pensée (comme celle qui doit permettre au mystique hindou d'échapper au cycle des réincarnations). Pour d'autres, et ceci est davantage chrétien, par une incarnation toujours recommencée dans la vie concrète.

Le paradoxe de la solitude et du groupe continue notre inventaire. Prenons un exemple : Blaise Pascal, après sa nuit mystique, se retire à Port-Royal-des-Champs, chez des « solitaires » qui vivent paradoxalement en confrérie, une confrérie ouverte, sans vœux à prononcer.

La solution chrétienne du paradoxe de l'un et du multiple est fournie par la notion de corps mystique.

Le corps mystique est à la fois à venir et déjà accompli. La dispersion annonce l'unité. Le corps mystique du Christ annonce la dispersion des apôtres et des fidèles. Il constitue l'*ecclesia*, l'église, comme transcendant les divisions du monde antique entre juif et non-juif, homme libre et esclave, homme et femme, et comme s'opposant aussi bien à la *synagogue*, fondée sur la race, qu'à la *collegia* païenne, association ou collège professionnel en honneur chez les Grecs et les Romains. L'esprit est la force qui unit, mais aussi qui divise, car il répartit entre les croyants des dons, des charismes différents, qui spécifient chaque vocation, chaque ministère. C'est en tant qu'il divise que l'esprit unit.

Le corps mystique possède la même caractéristique paradoxale que l'objet transitionnel dont on sait, depuis Winnicott (1971), qu'il est à la fois placé là par l'entourage et inventé par l'enfant : le corps mystique préexiste à la communauté des croyants, qu'il rend possible, mais celle-ci a à le créer, à l'accomplir.

L'être humain possède le sentiment non seulement d'un moi psychique et celui d'un moi corporel, mais il a également, sauf dans les états de non-intégration ou de dissociation, le sentiment d'une unité de son moi psychique et de son moi corporel.

Comme l'indique Masud Khan (1974 ; tr. fr., p. 362), « l'expérience de Soi est intimement liée au moi-corps », ce qu'il illustre par des exemples d'actions motrices exécutées symboliquement en rêve, voire accomplies réellement en séance par des patients chez qui cette expérience s'était trouvée dissociée d'eux-mêmes à l'occasion de traumatismes cumulatifs survenus au cours de l'enfance et à qui la psychanalyse a permis, en la retrouvant, d'opérer une « nouvelle naissance » (selon l'heureuse expression de Balint, 1968). L'expérience de soi comme esprit animant vitalement le corps constitue une des racines psychologiques de la notion religieuse du corps mystique. L'expérience tout aussi précoce de soi comme être unique en fournit une seconde racine.

*Ceci est mon corps (donné pour vous).* Par cette affirmation, Jésus-Christ instaure le sacrement chrétien de la communion lors de la Cène, c'est-à-dire du repas pris en commun avec les douze apôtres. La *Logique* de Port-Royal (A. Arnauld, P. Nicole, éd. de 1962, p. 90-92 et 99-100) résume la polémique qui opposait alors théologiens protestants et catholiques sur la nature du pronom *ceci.* Désignait-il du pain réel ou symbolique ? J'y renvoie le lecteur ainsi qu'à l'ouvrage de Louis Marin consacré pour l'essentiel à l'« exégèse » de l'énoncé christique. Pour ma part, je retiens l'idée que « corps » est ici à la fois le substantif grammatical et l'être substantiel. Je suis tenté de voir là le modèle de toute énonciation, qui parle avec son corps, de son corps à d'autres corps.

La vie mystique a une structure paradoxale. Elle est une expérience sans en être une. Elle trouve la surabondance dans le vide, la quiétude dans l'inquiétude, un dehors dans le dedans, une groupalité dans la solitude, un corps dans l'esprit, une fin dans l'origine, le multiple dans l'un, et le sommeil dans ce qui l'éveille. Ces paradoxes doivent être respectés, sans quoi l'état mystique est détruit. Aussi une théologie apte à rendre compte de la vie mystique ne peut-elle être que négative ou apophatique.

Longtemps confondu avec Denys l'Aréopagite, disciple de saint Paul et premier évêque d'Athènes, le pseudo-Denys serait un mystique syrien du V^e^ ou du VI^e^ siècle, de culture platonicienne, cherchant à rapprocher la quête de Dieu de la quête de l'Un. Il a donné au mot de mystique son sens moderne et ses conceptions ont longtemps fait autorité dans l'Église. Dans sa *Théologie mystique*, il énonce l'idée d'ignorance mystique, qu'il fonde sur le concept paradoxal de la divinité en tant que *Ténèbre* absolue (ténèbres des sens, de l'intelligence, de la conscience) :

> « Exerce-toi sans cesse aux contemplations mystiques, abandonne les sensations, renonce aux opérations intellectuelles, rejette tout ce qui appartient au sensible et à l'intelligence, dépouille-toi totalement du non-être et de l'être, et élève-toi ainsi, autant que tu le peux, jusqu'à t'unir dans l'ignorance avec Celui qui est au-delà de toute essence et de tout savoir. Car c'est en sortant de tout et de toi-même, de façon irrésistible et parfaite, que tu t'élèveras dans une pure extase jusqu'au rayon ténébreux de la Suressence. »

L'âme ne peut s'unir à Dieu que dans une prière muette, dans le silence parfait, et d'une manière ineffable. Pour parler de ce Dieu ténébreux, toute affirmation demeure inadéquate car elle reste du registre du sensible ou de l'intelligible alors qu'il s'agit de Dieu, source de toutes choses sensibles et intelligibles. Seules pourraient convenir les négations (d'où la théologie dite négative), mais à condition de ne pas situer la négation en Dieu même, car il n'y a pas plus en lui de négation que d'affirmation. C'est l'homme qui se trouve réduit à recourir à la négation : il ne peut dire de la divinité que les attributs qu'elle n'a pas :

> « Elle n'a ni nombre, ni ordre, ni grandeur [...] ; elle n'est ni puissance, ni lumière [...], ni erreur, ni vérité [...], car toute affirmation reste en deçà de la Cause unique et parfaite de toutes choses, car toute négation demeure en deçà de la transcendance de Celui qui est simplement dépouillé de tout et qui se situe au-delà de tout. »

Cette approche d'un Dieu caché, d'un Dieu de ténèbres, n'est pas sans rappeler, une fois de plus, la démarche winnicottienne de renoncement douloureux au faux-soi (la façade sociale et mentale, intellectuelle ou fantasmatique, du psychisme) et d'accès au vrai-soi caché. De ce dernier, on ne peut pas parler parce qu'il est antérieur à l'acquisition de la parole, parce qu'il faut le protéger des autres et du discours (c'est de lui qu'émane le besoin de ne pas communiquer), et parce qu'il n'est du registre ni de l'expérience ni de la conscience. On ne peut ni le dire, ni le connaître, ni le faire reconnaître : on peut seulement garder le contact avec lui.

L'union directe à Dieu reste une solution exceptionnelle. Le grand nombre des croyants a besoin d'intermédiaires, d'une sorte d'aire transitionnelle spirituelle qui lui apporte la croyance en l'existence continue et en l'amour sans faille d'une divinité à qui sa propre surabondance suffit pour être, tout en la débordant et la conduisant à créer des êtres finis qui contemplent avec amour son amour infini. Cette aire transitionnelle est peuplée d'anges – dont l'existence est une nécessité logique dans ce système théologico-mystique de non-résolution des paradoxes.

Si le mystique n'organisait pas sa démarche et les résultats de celle-ci selon un code rigoureux, il risquerait la folie. On a pu dire que la mystique était une psychose réussie ou encore que le schizophrène, dans ses hallucinations, faisait une expérience mystique, sans doute parce qu'il hallucine ce dont le défaut le rend fou et dont la réappropriation pourrait seule lui apporter la sécurité de base : un soi-environnement primaire ayant une confiance absolue dans son existence. Le code non seulement au sens de protocole réglant une démarche mais comme schéma dynamique explicatif est pour le mystique un garde-fou, une sortie de la solitude, une condition de la transmission de sa découverte aux autres.

Par une régression difficile, douloureuse, mais tout au long contrôlée, le mystique revient à cet état primaire, selon Winnicott (1958), de non-intégration où le moi psychique n'a pas encore trouvé sa résidence dans un corps, il réexpérimente ce dont P. Federn (1952) a fait l'hypothèse : un sentiment de soi central, sans limites et originel. Il a, un jour, consécutivement à un événement concret, une vision mais qu'il touche ou qu'il respire, un éblouissement mais qui est ténèbres, une joie mais qui est douleur : son soi n'a pas d'existence propre ; c'est le soi absolu qui existe, et en qui il existe. Ce soi illimité, qui a toujours existé, qui existera toujours, constitue sa bordure, son enveloppe, son écorce indestructible d'existence, de conscience, d'amour, mais les mots sont vite douteux qui s'aventurent à donner de pareilles définitions.

Le narcissisme primaire (puisqu'il s'agit de lui, pour un psychanalyste) ne peut être dit. Cependant il existe, toujours là jusqu'au dernier moment de la vie, mais déporté à la périphérie du soi, et encombré d'investissements ultérieurs, libidinaux et narcissiques. Le mystique peut, après l'extase, annoncer la bonne nouvelle que cet état n'était pas perdu, mais qu'il reste et restera présent : avant que le moi-peau ne confère à celui qui devient un sujet son unité psychosomatique et son entrée dans la pensée, la socialité et la culture, il est soi et l'autre, un et tout, l'Être est en lui.

On peut ainsi esquisser une topique subjective qui est en position d'infrastructure par rapport à celle conçue par Freud (ça, moi, surmoi). Au départ, ou au centre, existerait un soi psychique primaire inné, non encore investi libidinalement, non encore structuré, mais doté des sentiments d'illimité et d'unicité (il représente le point limite de la régression dans la démarche mystique, ou créatrice, le paradoxe d'une origine elle-même sans origine). Puis viendrait un moi corporel, acquis au cours des expériences de plaisir, et surtout de douleur, et à l'occasion de l'investissement pulsionnel du développement sensori-moteur que le mystique désinvestit dans l'ascèse. Un moi psychique doté des sentiments d'identité et de continuité se différencierait à partir du soi psychique primaire sous la forme intermédiaire d'un moi-peau, par l'intériorisation de la relation contenant-contenu avec la mère et l'environnement familial unis dans un même « appareil psychique groupal », pour reprendre l'expression de R. Kaës (1976) (c'est l'« âme » du mystique). Enfin, un soi secondaire acquis fournirait le sentiment d'une unité du moi psychique et du moi corporel (le premier ayant sa « résidence » dans le second) et prendrait appui sur le sentiment de l'existence, à sa périphérie, d'un soi-environnement absolu préexistant, donateur de l'amour et de la parole, et garant de la triple croyance (qui peut alors se constituer chez le sujet devenu tel) en sa propre existence, en celle des autres et en celle du monde extérieur.

# 2

# ÉTUDE DES FONCTIONS DU PENSER

# TABLEAUX DES CORRESPONDANCES ENTRE FONCTIONS DE LA PEAU, DU MOI ET DU PENSER

Les tableaux suivants ont été regroupés au début de la deuxième partie dont ils résument l'essentiel. Le lecteur les consultera ainsi plus facilement.

*Tableau 1* – GRILLE DES FONCTIONS DE LA PEAU, DU MOI ET DU PENSER

| | La peau | Le moi | Le penser | Les pensées |
|---|---|---|---|---|
| *1.* **Maintenance** | – maintenance du corps et de ses rythmes par la peau<br>– érection du corps | – maintenance du psychisme par le moi<br>– élan intégratif du moi | – maintenance du flux des pensées par le moi-réalité<br>– élan phallique du penser | – consistance/inconsistance des pensées |
| 2. **Contenance** | – la peau enveloppe et délimite le corps<br>– la peau trouée : les pores, les fantasmes de castration généralisée | – le moi enveloppe et délimite le psychisme<br>– les failles du moi, le trou noir de la psyché | – le moi-pensant enveloppe et délimite les pensées<br>– les troubles du penser : dysharmonies cognitives, retard du raisonnement | – pensées closes/pensées ouvertes<br>– colmatage/hémorragie des pensées |
| *3.* **Constance** | – défense contre les excitations exogènes<br>– besoin de stimulation | – défense contre l'effraction pulsionnelle<br>– appétit d'excitation | – défense contre l'envahissement par les pensées<br>– continuité/discontinuité de l'activité pensante | – différenciation des pensées<br>– insistance des pensées |
| *4.* **Signifiance** | – la peau enregistre les traces de l'interaction du corps et du monde et émet des signaux élémentaires envers autrui | – le moi produit des mécanismes de défense, des symbolisations, des formations de compromis | – le moi-pensant encode des signes renvoyant aux qualités distinctives des choses et des mots | – pensées confuses/pensées claires et distinctes |
| *5.* **Correspondance** | – la peau comme sens commun (consensualité) | – le moi en quête de concordances, de convergence | – le moi-pensant comme microcosme<br>– le concept comme appareil analogique | – systèmes de correspondance entre mots, choses et pensées |
| *6.* **Individuation** | – les fantasmes de peau commune et de l'arrachage de celle-ci | – les sentiments des états du moi (existence, identité du moi ; faux-soi et vrai-soi) et de leurs fluctuations | – l'interaction tout/parties comme unité dynamique de l'individu<br>– clivage du moi-réalité externe/interne | – pensées standard/pensées personnelles/pensées volées |
| *7.* **Sexualisation** | – les plaisirs de peau | – érotisation hystérique du moi | – sexualisation obsessionnelle du penser | – perversion des pensées |
| *8.* **Énergisation** | – tonicité/détente musculaire | – syntonie/dystonie du moi ; angoisse de la séparation | – force de penser ; pulsion d'emprise, pulsion épistémophilique | – pensées fortes, authentiques, communicatives (paradigmes) |

## *Tableau 2*

## LES VECTEURS DES HUIT FONCTIONS DU PENSER

*F1* – Les axes du penser, les vecteurs des pensées, l'élan intégratif du penser, les *signifiants d'érection phallique.*

– Le centre de gravité, la source irradiante, le noyau d'émission des rythmes : les *signifiants radiaires.*

*F2* – Le contenant : sac, poche, trou, limite, frontière, interface, passage ; enveloppe/fuites ; plein/vide ; dedans/dehors ; les *signifiants de démarcation.*

*F3* – Le pare-excitation : régulateur, capteur, interrupteur, distributeur, filtre, écran protecteur, transformateur de quantité en qualité ; les *signifiants de protection.*

*F4* – La surface d'inscription : les *signifiants de symbolisation* ou sémiotiques, les organisateurs des pensées ; abstraction, structuration, classification, encodage/décodage ; les supports de la symbolisation ; fixation et transmission des pensées.

*F5* – Le sens commun, les correspondances entre les qualités, l'ombre, l'écho, le reflet, la sériation, les liens, le système figure/fond ; les *signifiants de transformation.*

*F6* – L'individualité : unité, unicité, réflexivité : identité/altérité ; semblable/différent ; droit/inversé ; double/complémentaire ; l'un/le multiple ; l'être/les êtres ; tout/parties ; animé/inanimé – l'originalité de la pensée ; les *signifiants de singularisation.*

*F7* – Le soutien de la sexualité : la masculinité/féminité ; modèle anal/modèle génital du penser ; le plaisir de penser, le trouble de penser, les souffrances de penser ; les *signifiants d'attraction* (sexuelle, courtisanes et colombes).

*F8* – La recharge libidinale : raffermissement de la peau psychique par le contact avec l'objet primordial ; veille/sommeil ; mobile/immobile ; continu/discontinu ; tout ou rien ; investi/désinvesti ; impulsion périodique/plat ; tension/relâchement ; reprendre son souffle.

– La force de penser : les *signifiants d'action, d'impulsion, d'accomplissement.*

## *Tableau 3*

## LES POSITIONS CORPORELLES ET LES ESPACES PSYCHIQUES EN JEU DANS LES HUIT FONCTIONS DU PENSER

*1*. Dos contre colonne : appui, *support*.

– Ventre contre dos : *inclusion* réciproque : cercle, ellipse, spirale : emboîtements.

– *Narcisse* : régression à l'horizontale.

*2*. Côte à côte (peau commune mère-enfant). *Juxtaposition*, adhésivité, arrachement.

*3*. Position « entre » ; objet transitionnel entre trouvé et créé ; être seul en présence de la mère, entre solitude et compagnie : l'*intermédiaire*.

*4*. La surface comme fond ; l'arrière-fond de soi ; la distance à l'objet ; les arrière-pensées ; le *fond* comme support des signes, des qualités sensibles, des traces.

*5*. Le dos à dos, la négation. Émergence des signifiants de *différenciation* (relation de relations) ; réversibilité : classifications.

*6*. Face à face : *miroir* kinesthésique, sonore, visuel ; les symétries, les *signifiants formels* : l'image sosie de soi.

*7*. L'*attraction* des complémentaires ; le bassin d'attraction, les *signifiants énigmatiques* ; sexualisation de l'espace physique et psychique.

*8*. Contact avec l'objet primordial ravivant la tonicité de la peau psychique et opérant le *plein* d'énergie.

*Tableau 4*

## LES ATTAQUES PSYCHIQUES CONTRE LES HUIT FONCTIONS DU PENSER

*1*. Attaques contre la solidité des axes et des noyaux : le *désétayage* (*cf.* le sable et la boue dans l'œuvre de Beckett) :

– les rêves de vers, de mollusques substitués à la colonne vertébrale ;
– la perte de l'appui et l'angoisse de la chute.

*2*. Attaques contre le contenant :

– les trous et le *vidage* ;
– les déchirures et la discontinuité ;
– le *repli de l'endroit à l'envers* (anneau de Möbius).

(*Cf.* la perte de sens du mot « pot » dans *Watt* de Beckett, 1943.)

*3*. Attaques contre le système de protection/régulation : le *brouillage* :

– l'effroi qui fait sauter des connexions ; la tête de Méduse ;
– une pseudo-ceinture de brouillard, les sous-ensembles flous.

*4*. Attaques contre l'inscription : l'*effacement*, le palimpseste, la rature, la surcharge.

*5*. Attaques contre les correspondances :

– correspondances arbitrairement cassées : le *démantèlement* ;
– correspondances selon la logique symbiotique : le mot « groupe » devrait avoir deux « p » (parce qu'on est plusieurs) ;
– correspondances échouées (le cercle et le centre dans *Watt* de Beckett).

*6*. Attaques contre l'identité :

– fantasmes de casse ;
– se croire imaginé par un autre (Borges) ;
– perdre sa peau.

*7*. L'attraction par le danger : allergie, goule, sphinx, Calypso. L'*attirante étrangeté*.

*8*. Hémorragie libidinale :

– les paradoxes ;
– les malédictions ;
– les procès interminables ;
– « Je sais bien mais quand même… »

## *Tableau 5*

## LES DÉFENSES CONTRE LES ANGOISSES SPÉCIFIQUES DES HUIT FONCTIONS DU PENSER

*F1* – La maintenance exprime la lutte contre l'angoisse du désétayage (détresse, désaide).

*F2* – La contenance exprime la lutte contre l'angoisse du vidage (hémorragie libidinale).

*F3* – Le pare-excitation exprime la lutte contre l'angoisse d'effraction (répétition traumatique).

*F4* – La signifiance exprime la lutte contre l'angoisse de confusion chaotique (perte du sens).

*F5* – La consensualité exprime la lutte contre l'angoisse de morcellement.

*F6* – L'individuation exprime la lutte contre l'angoisse de perte de l'identité (dépersonnalisation).

*F7* – La sexualisation exprime la lutte contre les angoisses dépressive, projective et persécutive.

*F8* – L'énergisation exprime la lutte contre l'angoisse de séparation.

*Tableau 6*

# LES PRINCIPES DU FONCTIONNEMENT DES HUIT FONCTIONS DU PENSER

*F1* – La maintenance/consistance obéit au principe de viscosité de la libido.

*F2* – La contenance obéit au principe de plasticité de la libido.

*F3* – Le pare-excitation obéit au principe de constance du quantum d'affect.

*F4* – La signifiance obéit à un principe de différenciation (qui est une forme du principe de réalité).

*F5* – La consensualité obéit au principe de totalisation dans l'espace (unité des parties dans un tout : correspondances des parties entre elles).

*F6* – L'individuation obéit au principe de continuité (totalisation dans le temps ; intégration/récapitulation/dissolution/après-coup).

*F7* – La sexualisation lutte pour le rétablissement du principe du plaisir.

*F8* – L'énergisation lutte contre l'automatisme de répétition.

*Tableau 7*

## LES RÔLES DU PSYCHANALYSTE PAR RAPPORT AUX HUIT FONCTIONS DU PENSER

*F1* – Rôle d'appui auxiliaire, de fermeté permettant l'adossement. Conviction que l'inconscient de l'autre est intelligible. Exerce de façon symbolique les cinq composants de l'attachement (sourire, chaleur, solidité du portage, douceur du contact, messages sensoriels accompagnant la parole-nourriture).

*F2* – Rôle de conteneur des angoisses, de dépositaire des affects dysphoriques. Renvoi de ceux-ci sous forme élaborée et assimilable (éléments alpha selon Bion, 1962).

*F3* – Rôle de pare-excitation auxiliaire. Stimule la pensée concrète et imagée du patient quand celui-ci revit la régression dépressive face à l'imago de la mère « morte » (Green, 1983).

*F4* – Rôle d'identification/construction des signifiants formels. Rend possible l'accomplissement des expériences non faites dans l'enfance ; jeux de la bobine, du squiggle ; aire transitionnelle, être libre en présence de quelqu'un…

*F5* – Rôle d'interprétation/déconstruction des formations inconscientes ; passage du penser syncrétique au penser synthétique.

*F6* – Favorise des accès épisodiques au vrai-soi, à la transparence mutuelle, à la peur de l'effondrement.

*F7* – Stimule/tempère l'appétit d'excitation, supporter le transfert de séduction amoureux, le transfert négatif.

*F8* – Libére l'énergie liée.

*Tableau 8* – ÉVOLUTION DES PRIMATES : DE LA PEAU À LA PENSÉE

| | Phylogenèse | Activité corporelle<br>Rôles de la peau | Fonctions du moi-peau | Catégorie logique (moi-pensant) | Angoisse corrélative |
|---|---|---|---|---|---|
| **Relation au corps propre : phallicité** | – Acquisition de la bipédie<br>– Acquisition de la nudité de la peau<br>– Acquisition d'un centre de gravité | Soutènement<br>Portage<br><br>Satiété | Maintenance<br>Appui<br><br>Consistance | – Verticalité<br>– Solidité<br><br>– Centralité, plein | – Angoisse de perte de l'équilibre<br>– Angoisse de perte de l'agrippement<br>– Angoisse de liquéfaction |
| **Relation narcissique à l'objet : interface et attachement** | – Acquisition du réflexe auditivo-laryngé<br><br>– Acquisition des barrières de contact<br><br>– Attachement à un centre irradiant<br>– Acquisition des rythmes | Écholalie<br>Échopraxie<br>Auto-écoute<br><br>Seconde peau musculaire<br><br>Synchronie macrorythmes, micro-rythmes | Inscription<br><br>Pare-excitation<br><br>Feed-back | – Marquage<br>– Signifiant, signifié<br><br>– Écorce/noyau<br>– Limite<br><br>– Résonance | – Angoisse de l'innommable, de l'incommunicable<br><br>– Angoisse d'implosion/explosion<br><br>– Angoisse de déphasage<br>– Peur du froid et de la nuit |
| **Relation libidinale à l'objet sexuel : disponibilité de la femelle** | – Indépendance de la sexualité par rapport à la fécondation (à l'œstrus) | Accouplement | Érotisation<br>Bisexualité<br>Couplage | – Attraction | – Angoisse d'impuissance de castration |

# HUIT FONCTIONS DU PENSER

## *Fonction 1*

## MAINTENANCE/CONSISTANCE

### *Énoncé principiel*

LA PEAU MAINTIENT LE CORPS ET FAIT TENIR ENSEMBLE LES ORGANES QUI LE CONSTITUENT.

LE MOI MAINTIENT LE PSYCHISME ET FAIT TENIR ENSEMBLE LES ÉTATS ET LES PROCESSUS QUI Y PRENNENT PLACE.

LE PENSER MAINTIENT ENSEMBLE LES PENSÉES.

PAR CETTE MAINTENANCE, LA PEAU, LE MOI ET LE PENSER ASSURENT RESPECTIVEMENT LA CONSISTANCE DU CORPS, DU PSYCHISME, DES PENSÉES. PAR LA MAINTENANCE ET LA CONSISTANCE, LA PEAU ASSURE L'ÉRECTION DU CORPS ET SOUTIENT L'ÉLAN DE CELUI-CI VERS LA VERTICALITÉ ; LE MOI ASSURE SA PROPRE AFFIRMATION ET SE SOUTIENT DANS SON ÉLAN INTÉGRATIF ; LE PENSER SE SOUTIENT DANS SON ÉLAN PHALLIQUE.

### *Commentaires*

*a* – La consistance est la cohésivité d'un assemblage d'éléments plus ou moins différents, en contact par leur(s) interface(s). Elle n'est pas la cohérence, de nature logique, découlant de l'organisation interne des parties d'un tout (*cf.* la fonction n° 5). La cohésivité se distingue de la cohérence par la contiguïté et l'adhésivité des éléments de l'assemblage.

*b* – La consistance est plus ou moins ferme ou souple : elle caractérise la solidité de base de l'assemblage des agents du corps, des instances du psychisme et des chaînes de pensées.

L'inconsistance est vécue comme une expérience de nature métaphoriquement liquide (par exemple l'hypothèse d'un soi liquide propre à l'alcoolique selon Michèle Monjauze, 1991). Le sentiment de consistance est acquis par des expériences de nature d'abord tactile, principalement par l'expérience précoce d'un appui des éléments sur un axe qui se fait ou qui est fait porteur de l'assemblage (portage des passagers d'un moyen de transport terrestre, nourrisson tenu par la mère, étayage du moi sur la surface du corps, accrochage des pensées à une idée directrice).

*c* – Ces expériences ne produisent le sentiment de consistance que si elles sont l'objet d'un investissement phallique (sexuel prégénital). D'où l'impression d'auto-organisation et d'auto-engendrement du corps, du moi, du penser, par la force, la fermeté, la cohésion de leur affirmation respective.

*d* – L'axe est horizontal ; c'est l'essieu qui en tournant sur lui-même fait tourner les roues et avancer un véhicule. Par analogie, on parle de pensées qui progressivement tournent autour d'un même axe. Un des premiers schémas de penser – le couple abscisses-ordonnées – est une transposition du schéma corporel : verticalité, latéralité, qui permettent une vue nouvelle sur un domaine donné, au risque d'entraîner un renversement perpétuel du pour au contre (Pascal). Sur l'axe latéral, on pense d'abord par symétrie/dissymétrie. Sur l'axe vertical, on pense selon des niveaux différents.

*e* – Le langage courant exprime ces caractéristiques sous forme métaphorique ou métonymique. Du point de vue de l'objet épistémique (c'est-à-dire de l'objet de connaissance), il fait dire, à propos d'une pensée ou d'un système de pensées (un compte rendu, un projet, une hypothèse théorique, etc.) : « Ça colle. » Autrement dit : les morceaux de l'assemblage sont collés solidement les uns aux autres et ils collent à la réalité correspondante. Il ne reste plus à l'interlocuteur qu'à reconnaître s'il « adhère » à cette pensée ou à ce système proposé par le sujet épistémique. Du point de vue de ce sujet, le langage courant lui fait dire : « Ça tient debout », ou « Ça tient par soi-même », expressions renvoyant à la dimension verticale du penser. Le sujet a un sentiment d'évidence qui s'impose à son esprit avec force et qui est gros de conséquences théoriques ou pratiques. L'énoncé s'impose au sujet comme auto-étayé, voire auto-engendré. Bien sûr tout un travail de retour sur soi-même et de discussion-réfutation avec autrui décidera s'il s'agit d'un jeu de collage plus ou moins artificiel, ou d'une conviction « subjective » aveugle, quasi-délirante, ou enfin d'une pensée « objective » à prendre en considération, dont on peut dégager une structure logique sous-jacente, voire faire le point de départ d'un travail psychique créateur.

*f* – Les toiles du peintre Francis Bacon sont des figurations plastiques de la triple inconsistance du corps, du psychisme et du penser.

*g* – La fermeté de l'analyste maintient le cadre psychanalytique et donne consistance au penser associatif et interprétatif.

*h* – Les attaques destructrices de la pulsion de mort portent sur la verticalité (angoisse de chute), sur l'appui (angoisse de désaide, de détresse, de perte du secours), sur la consistance (angoisse de desêtre, d'émiettement), sur la solidité (angoisse de liquéfaction), sur l'adhésivité (angoisse d'auto-mutilation).

*i* – Sur la suggestion de D. Houzel (1987), je rapproche la consistance de la notion topologique de « compacité ».

## Le cas Framboise

Je l'appellerai Framboise, tant elle paraît fragile, facile à écraser, fruit rouge de colère, de honte, et dont le sang coule des blessures de l'humiliation et de la vengeance. Attractive, inconsistante, énigmatique, exposée aux vents qui agitent la tige sur laquelle elle a poussé.

N'ayant jamais vu Framboise, je me sens d'autant plus libre pour imaginer son corps de jeune femme qui se bat avec celui de son compagnon et roule à terre, son visage d'enfant naïf et faux, son art d'apitoyer et de rebuter quiconque s'intéresse à elle et cherche à lui venir en aide. Pendant que son psychanalyste me parle, et que mon intelligence écoute, une autre partie de moi nourrit sa rêverie de ce que j'entends et de ce qui n'est pas dit, bribes de transfert et de contre-transfert que mon préconscient essaie de capter et de mettre en rébus.

Les hasards de la naissance avaient enfermé Framboise dans une famille qu'elle n'avait pu quitter qu'avec une certaine violence : une famille écrasée et écrasante, qui trouvait son unité, sa raison d'être paradoxale, à s'occuper d'un frère de Framboise arriéré mental. Comment Framboise pouvait-elle accéder à l'activité du penser avec une identification, imposée par l'entourage, à un tel frère ? Elle s'était sentie désorganisée après la rupture avec sa famille : vagabondage, toxicomanie, instabilité, mauvaises fréquentations.

Des quatre premières années de cette cure, je garde des souvenirs fragmentaires, à l'image sans doute du moi fragmenté de cette patiente. Une énorme difficulté à mettre en place le dispositif analytique, l'irrégularité des horaires, des honoraires, l'instabilité entre les positions assise et allongée, l'incapacité de suivre un fil associatif, de faire des projets d'avenir, le refus de gagner sa vie, d'assurer son indépendance en travaillant, le psychanalyste pris à parti dans sa personne au point qu'il n'osait plus émettre une interprétation, ni même en élaborer une. Framboise rendait son psychanalyste passif, lequel rendait son superviseur passif. Chacun de nous trois était incapable isolément de « redresser » la situation, ce verbe convenant plus qu'on aurait pu le croire.

Il fallut deux passages à l'acte pour la changer. Le premier survient au cours d'une dispute plus vive que d'habitude avec l'homme avec lequel elle vit ; Framboise le blesse d'un coup de fourche. Il ne porte pas plainte mais il la quitte. Ce coup laisse l'analyste stupéfait, sans réaction, incapable d'en dire quelque chose dans la séance, mais il me sort de ma torpeur : voilà où mènent le laisser-faire du psychanalyste et une pseudo-analyse chez la patiente. Je mets mon jeune collègue en face de ses responsabilités et de son inertie.

Quelque temps plus tard, Framboise parle d'arrêter un traitement qui ne lui apporte rien. L'analyste sort de sa position de retrait, qu'il cachait sous une apparente neutralité. Il saute d'un extrême à l'autre. À son tour il passe à l'acte. Il explose de colère, à sa propre surprise, reprochant à sa patiente de se moquer de lui et de ne pas respecter la règle du jeu. C'est au tour de Framboise de se montrer stupéfaite que son psychanalyste ait des exigences envers elle. Aux séances suivantes elle opère un retour fécond sur elle-même, son enfance, sa relation à l'analyste. Puis elle convient de poursuivre l'analyse sur des bases nouvelles concernant le rythme et le paiement des séances. En quelques semaines l'organisation de sa vie est transformée : elle cohabite avec une collègue de travail, sur laquelle elle déplace l'investissement libidinal qui alimentait son transfert sur le psychanalyste ; elle passe avec succès un examen professionnel et prend un travail à mi-temps, consacrant l'autre mi-temps à la poursuite de ses études ; elle trouve chez son directeur le soutien d'une figure paternelle qui lui avait fait défaut dans l'enfance ; enfin, elle consacre ses week-ends, avec courage et lucidité, à l'animation d'enfants déficients comme son frère. L'agir laisse la place au penser. Framboise résume ainsi la transformation opérée en elle : c'est comme si, s'étant assise, elle avait pu appuyer son dos contre une palissade solide et peu à peu son corps s'est redressé. Désormais ses pensées tiennent debout.

Penser, c'est acquérir en esprit la dimension verticale, comme le corps l'a fait en apprenant à marcher. Plus qu'une acquisition (qui est le résultat de l'action), c'est une émergence en acte du penser, un mouvement ascendant de la pulsion qui transcende le biologique et anime le psychique. La pulsion porte les pensées, les porte vers le penser, qu'elle fait par là-même émerger. L'homme est un animal qui s'est redressé, qui a pris appui sur sa colonne vertébrale pour placer sa tête en haut de celle-ci, et, par dérive métaphoro-métonymique, pour placer le penser au sommet du psychisme.

## Samuel Beckett

À sa façon, Samuel Beckett a expérimenté une telle transformation. Sa psychanalyse avec Bion, sa vision dublinoise de l'œuvre à venir, la composition consécutive de la trilogie romanesque – *Molloy* (1951), *Malone meurt* (1951), *L'innommable* (1953) – et de la pièce *En attendant Godot* (1952), l'ont fait passer d'un état de confusion des pensées, de multiplication des symptômes somatiques et de menace catastrophique de dépersonnalisation à la possibilité de penser, par une sorte d'auto-analyse, la part psychotique de sa personne en la transcrivant dans son œuvre.

Lors des crises qui ont précédé et provoqué sa psychanalyse, Beckett vivait retiré dans sa chambre, replié sur lui-même, enfermé dans le noir, l'esprit vide. Il avait perdu ses pensées.

Dans son premier roman, *Murphy* (1937), écrit pour l'essentiel au cours de sa psychanalyse avec Bion, le héros se compare à l'opossum, marsupial qui pend accroché à une branche d'arbre par la queue et qui voit ainsi le monde à l'envers, mélangeant le haut et le bas, incompris et rejeté des humains qui voient les choses à l'endroit.

*En attendant Godot* oppose deux couples : une paire de clochards qui ne pensent à rien, n'ont rien à se dire si ce n'est ce rien (Vladimir et Estragon sont sans mémoire ni désir, comme le recommandera Bion au psychanalyste). Ils font le vide dans leur esprit, ils attendent Godot, c'est-à-dire celui qui leur apporterait un appareil à penser les pensées aptes à combler ce vide. L'autre paire est constituée d'un maître aveugle et d'un valet quasi paralytique, Lucky, qui tire péniblement la calèche de Pozzo. Ils ont perdu, effacé, détruit la faculté de penser. Ils n'échangent plus que des morceaux d'idées toutes faites. Pozzo essaie en vain d'obliger Lucky à penser. Tour à tour Pozzo et Lucky tombent et restent à terre, c'est-à-dire renoncent à la verticalité nécessaire au penser. Didi et Gogo les remettent debout pour qu'ils se remettent à avoir des pensées. J'entends l'allégorie ainsi. Pour les uns, les pensées sont du passé. Pour d'autres, les pensées sont à venir. Entre les deux, on peut commencer de penser par cette pure présence au présent qui est l'attente, en pensant l'absence de l'objet, la présence de rien, celle d'un cadre vide susceptible de se transformer en appareil à penser. Attente, vide, absence : concentration nécessaire pour que le penser puisse se mettre debout.

Plus tard, en écrivant *Le Dépeupleur* (1970), Beckett, par l'allégorie des trois types d'habitants du cylindre, récapitule son expérience des trois niveaux du penser en correspondance aux trois positions corporelles de base. Les sédentaires ou vaincus, prostrés, immobiles, isolés, repliés sur eux-mêmes, végètent, préoccupés de leur seule survie : ils ne pensent plus. Les chercheurs ou agités tournent en rond, solitaires ou en bandes, sur la base du cylindre en évitant de se heurter : ils figurent la ronde des pensées automatiques, sans un appareil pour les penser, leur donner un sens personnel. Enfin, les grimpeurs, porteurs d'échelle qu'ils appuient sur la paroi du cylindre, essaient de monter vers le sommet, la lumière, l'ouverture sur l'extérieur. Ils se stabilisent à mi-hauteur, chacun dans sa niche (sa pensée) individuelle. Ils symbolisent la persistance d'un élan de penser.

On retrouve là la classification aristotélicienne des trois âmes : végétative, sensitivo-motrice, raisonnable. Beckett y ajoute les trois niveaux de la relation au corps : *1.* les sédentaires sont des corps sans psyché, ils opèrent l'effacement des pensées, tendent à se réduire, à se concentrer, à l'état de point dans un espace unidimensionnel ; 2. les chercheurs sont des corps sans principe pensant, habités de pensées mobiles, erratiques, circulaires, vivant sur un mode de ligne horizontale (espace bidimensionnel) ; *3.* les grimpeurs aspirent à la verticalité, à l'intellectualité, à un penser personnel, à un espace psychique tridimensionnel.

## Les cas Nathalie et Madeleine

Cette fonction primordiale de maintenance du penser est métaphorisée par les patients de diverses façons. J'ai rapporté ailleurs (D. Anzieu et coll., 1987) l'observation de Nathalie : avant l'acquisition de cette fonction, elle se représentait son soi comme une algue inconsistante, flottant entre deux eaux, soumise au jeu des courants variables. L'acquisition de la fonction de maintenance transforme sa représentation : son soi devient un cèdre méditerranéen ; c'est toujours un végétal, mais qui a pris racine et dont le tronc se dresse verticalement, les branches restant basses et horizontales. Je suis pour elle ce tronc dont la solidité communicative lui permet de commencer à penser son propre noyau autistique.

Madeleine m'offre un autre exemple. Après une série de consultations thérapeutiques où j'ai déployé une activité soutenue d'interprétation, ses pensées suicidaires, réactionnelles à une haine intense refoulée, s'estompent ; elle commence à travailler sur elle-même entre les séances. Le matin, m'explique-t-elle, elle a maintenant l'impression de se lever avec son matelas maintenu attaché dans le dos, ou plutôt le matelas la maintient et lui donne limite, forme, protection. Non seulement elle peut me confier des pensées qu'elle n'a jamais dites à personne mais elle peut se dire des choses auxquelles elle n'avait jamais osé penser.

## Le penser-debout

Un des critères qui signalent à l'auteur que son ouvrage est terminé est le sentiment que « ça se tient », que « ça tient debout ». Penser, c'est faire tenir ensemble et debout une série de pensées, superposées ou emboîtées, les faire se tenir par elles-mêmes.

Le penser-debout est une dérivation métaphorique et métonymique du schéma corporel : le corps assure sa maintenance par la peau qui maintient les chairs appuyées sur la colonne vertébrale, ainsi tenue verticalement : maintien double, de la peau sur la chair, de la chair sur le squelette, et maintien réciproque du corps par la colonne et de la colonne par le corps. Ainsi le référent corporel – la superposition de vertèbres emboîtées – est-il nommé, selon un processus circulaire d'autoréférenciation, d'après le mot « colonne » qui métaphorise ce référent. L'érection de la pensée reprend et prolonge l'érection du corps. L'homme élève des colonnes parce qu'il est bipède et qu'il a conquis sur la pesanteur cet équilibre très particulier qu'est la position verticale. L'observation de l'enfant vers un an montre bien que l'acquisition de la marche précède et conditionne celle de la parole. Non seulement car le cortex du primate qui se redresse connaît un plus grand développement mais parce que l'homme ressent son corps comme un vecteur orienté à sens unique ascendant. Puis le terme de colonne gagne en extension : à des degrés différents d'abstraction on parlera d'une colonne de soldats ou de chars (concrète et horizontale) ou d'une colonne de chiffres (verticale et symbolique).

Penser c'est se redresser en s'appuyant sur une base stable : son émergence requiert la maintenance, qui requiert le soutènement. Le corps tient debout en s'adossant à une colonne interne ou à un échafaudage externe. Le penser est un analogon de ce système formé par une peau souple et ferme, par une masse intermédiaire d'organes et de chairs et par un squelette fixe et flexible. Parallèlement, toute activité du penser combine une enveloppe malléable, une structure solide et, entre les deux, un milieu interne mou ou visqueux. L'arc-boutant, le contrefort sont d'autres analogies architecturales de ce soutènement, de cet étayage de la structure du penser sur la structure du corps. L'appui primordial du corps sur le monde est fourni par l'expérience d'un sol stable et par l'équilibre postural et kinesthésique sur la partie de ce sol qui constitue le polygone de sustentation. L'appui primordial du penser est fourni au petit enfant par la rencontre répétée avec un objet qui lui témoigne qu'il pense à lui, ou à propos de lui, objet qu'il internalise et qui devient le lieu psychique du penser. Il peut avoir à faire à plusieurs objets qui pensent à lui et pour lui de façons différentes, et qui développent en lui des foyers de pensées contraires.

L'humain n'a plus besoin ni de l'agrippement ni de la fourrure qui permet cet agrippement. Il invente un nouvel équilibre postural et kinesthésique plus fragile mais offrant un éventail plus large de possibilités d'action puis de penser. Penser, c'est échafauder des hypothèses, c'est faire monter les pensées (qui sont d'abord des sensations, des fantasmes, des images motrices, c'est-à-dire des représentations) vers la tête, c'est garder la tête haute, c'est s'élever au-dessus du terre-à-terre, c'est voir les choses en perspective et non plus seulement en sentir l'odeur et le goût dans un étroit contact tactile animal avec elles. Penser, c'est chercher des bases solides comme un roc, établir des fondations sur une terre ferme, se méfier des failles, des sables mouvants, des éboulis. C'est s'accrocher à des points fixes, à des confiances acquises par l'expérience d'avoir été tenu, porté en sécurité. C'est s'appuyer sur des croyances évidentes, en l'intelligibilité du monde, en la communicabilité des pensées, en la présence vigilante de la conscience.

Les catégories du penser qui se constituent avec l'expérience de la maintenance sont les couples haut/bas, droit/courbe, ferme/inconsistant, solide/liquide, qui se complexifiera en solide-liquide-gazeux (complété plus récemment par plasma) et en solide-liquide-fluide. Il y a des pensers durs, il y a des pensées molles. La psyché est composée de parties solides, liquides, venteuses, visqueuses. La psyché de l'alcoolique, par exemple, est dominée par un soi liquide (*cf.* M. Monjauze, 1989).

Tronc, tour, pilier, colonne, menhir, phallus : l'érection du penser est un analogon de l'érection du corps. C'est la tête qui prend la direction de ce qui s'érige dans le corps. Sur ce fond d'érection globale, de tension agréable, stimulante, de l'organisme et de la psyché, des érections locales, intenses et brèves, émergent dans l'ordre du corps génital, des intuitions vives dans l'ordre de l'esprit. Le penser est porté par un élan phallique qui transpose, prolonge et suspend l'érection physique. Il déploie une surface réceptrice, un écran capteur d'excitations et de signaux qui forment les premières « idées » (au sens large anglais d'*ideas*) ou contenus de conscience.

Après la maintenance et le soutènement, un autre sens dérivé de la posture humaine verticale prend en compte la dimension complémentaire, celle de la latéralité, caractérisée par la symétrie, entraînant un transfert de forces et constituant des cadres spatiaux localisant des repères. La notion d'axe fournit la pensée intermédiaire entre l'objet concret et la conception abstraite. L'axe est, étymologiquement en grec, la tige horizontale en bois ou en métal qui relie les deux roues d'un char et permet à la force de traction appliquée à ce véhicule de le déplacer. À un degré élevé d'abstraction, les coordonnées cartésiennes sont formées de deux axes perpendiculaires de même origine, l'abscisse, horizontale, et l'ordonnée, verticale. Penser, c'est se représenter les choses perçues selon un axe directeur, selon une perspective dominante, avec une complexité croissante de croisements de plusieurs axes, de hiérarchisation d'une pluralité de perspectives. L'axe peut être réversible ou vecteur orienté. Il a une origine, une direction et éventuellement un sens. Il sert de support à la circulation des forces. La terre tourne autour de son axe. Penser, c'est, à partir d'un point d'origine, qui est un point de vue, suivre une direction, c'est faire des alliages, des alliances entre certains groupes de pensées, c'est les faire tourner et les retourner dans plusieurs sens (dans tous les sens chez l'obsessionnel). L'angoisse, les inhibitions qui altèrent le travail du penser font des esprits désaxés. La personnalité narcissique tourne sur son axe et requiert d'autrui qu'il axe ses préoccupations sur elle.

Le penser se retourne vers son point d'origine et fait de ce point un centre. Je ne trouve pas une meilleure définition que, par un emprunt à Pascal : le penser est un cercle dont le centre est partout et la circonférence nulle part. Mais aussitôt après avoir émis un énoncé, le penser se rétracte. Le penser est une immense respiration qui tantôt se dilate tantôt se contracte. Il critique l'affirmation pascalienne qu'il a lui-même évoquée. Il pense que penser n'est pas nécessairement tourner en rond, que c'est chercher un centre d'explication dans un domaine donné. C'est alternativement décentrer et recentrer les pensées. Penser part en quête d'un point fixe à partir duquel les raisonnements se développeront en cercles concentriques de plus en plus amples, d'une façon qui, à la limite, serait sans limite. Piaget a observé une étape capitale dans le développement de l'intelligence chez l'enfant, qui est l'accès à la pensée circulaire en logique et à la représentation de phénomènes circulaires en physique. Le penser se donne le vertige en contemplant en abyme son propre fonctionnement en quête de centres stables, qui tôt ou tard échappent, et de cercles aux bords toujours fuyants, qui sont comme des blessures de son espace qui n'arrivent pas à se refermer. Penser, c'est jeter sur une surface liquide un solide qui résiste au courant et qui imprime des figures passagères sur l'onde mouvante.

Une droite est une ligne qui se tient droit quelle que soit son orientation. Elle conserve en quelque sorte dans toutes ses directions l'essence de la verticalité : l'élan, la consistance, la solidité. Au point de vue moral y correspond la droiture. Son origine psycho-génétique réside dans le *holding* (Winnicott, 1958), dans la sûreté du portage maternel. La solidité psychique se construit à partir de là comme analogon de la solidité de certaines catégories d'objets physiques. Penser est possible à qui a été solidement porté. À son tour le penser est porteur. La droite fend l'espace et le divise en deux régions. Puis le jeu de la multiplicité des droites va quadriller l'espace, y établir des configurations dont j'ébauche la série sur le modèle des voies de communications : pli, poche, bifurcation, croisement, rond-point, matrice, réseau. Tout en pensant, je m'aperçois que je pense et donc que le penser fonctionne au dedans de moi, qu'il fait de moi un dedans ; je distingue des pensées qui me viennent de l'extérieur, de l'autre côté de la ligne verticale qui me sépare et qui réunit mon corps à celui ou celle qui le porte, de l'autre côté de la droite qui fait un chemin de crête entre le haut et le bas, entre monde intérieur et réalité externe, entre mon côté et l'autre côté, droite intermédiaire, transitionnelle, commune aux deux côtés et qui est ligne de soutien, surface de portage. Toute la série des fonctions « phoriques » se déroulera à partir de là ; la mère – et le penser qui l'internalise – sera porte-lumière, porte-parole, porte-image, porte-pensées, moi auxiliaire (porte-moi).

Par un côté, le penser apprend à se dérouler hors du cercle maternel qui l'entoure et l'enferme, tout en gardant par ce déroulement même la forme féminine d'où il est issu. Le penser, par son autre côté, ouvre le cercle, trace des axes, pénètre, tranche, divise, explore, prend du recul, de la hauteur, va de l'avant, s'aligne. L'encerclement maternel, le cerclage féminin deviendront essentiels avec la fonction suivante du penser : la contenance.

Le penser se constitue comme auto-étayage, auto-support, auto-portage, vraisemblablement à l'âge de l'auto-érotisme.

Le fait même de penser est une sublimation. Plus exactement, c'est le degré zéro de la sublimation, la condition préalable à toutes les sublimations. Penser élève l'âme, fait la grandeur de l'homme (toujours Pascal), procure des pensées élevées. Le penser est un mouvement ascensionnel. Il fait notre dignité (encore Pascal).

Sur cette ligne ascendante, divers paliers se marquent qui ébauchent autant de surfaces d'inscription, tel un gratte-ciel qui fournit à chaque étage une vue différente sur l'environnement. D'où la diversité, la relativité des perspectives, points de vue, vertex (Bion, 1962). D'où leurs convergences en faisceaux. D'où les métaphores : lignes de fuite, ligne d'horizon. Notre représentation des choses est un kaléidoscope dont la bougeotte est scandée par des arrêts sur image. L'intentionnalité, selon E. Husserl (1913), propre à chaque fonction psychique est la perspective spécifique de celle-ci sur les choses. Les perspectives du prince, du peuple, des prêtres sur la société sont divergentes. Mais elles sont justes chacune de leur point de vue. Les opinions du peuple sont « saines » à un certain niveau de réflexion ; elles deviennent fausses si l'on se place à un autre niveau. Et il n'y a pas un niveau privilégié qui serait plus vrai. Pascal l'a compris : penser est un « renversement perpétuel du pour au contre ». Ce renversement découle de la mobilité verticale du penser. J'ai forgé un mot pour désigner le modaliseur opérant là : l'indéfinitif.

Pascal, ma principale référence philosophique, s'impose à mon esprit : « Nous brûlons du désir de trouver une assiette ferme et une dernière base constante pour y élever une tour qui s'élève à l'infini, mais tout notre fondement craque et la terre s'ouvre jusqu'aux abîmes. » (*Pensée*, n° 230, « Les deux infinis », p. 252, 1er §, éd. Sellier.)

## Le cas Myriam

Ce qui est « tour » pour Pascal est nommé « pilier » par ma patiente Myriam. Elle me parle du psychiatre qui l'a efficacement soignée il y a quelques années lors d'une crise dépressive ayant nécessité une hospitalisation. Il la suit depuis quand elle a besoin d'une aide médicamenteuse ou d'une cure de repos. Il me l'a adressée pour qu'elle entreprenne une psychanalyse avec moi. Il ne lui donnait pas d'interprétation, me dit-elle. Tout au plus, il lui nommait les affects qui se trouvaient réprimés en elle. Il ouvrait ainsi peu à peu son esprit à une compréhension psychologique de ses troubles, compréhension dont elle-même et son milieu familial étaient alors dépourvus. « Il a toujours eu une fonction de pilier, si j'ose dire. Il était toujours calme, avec un ton de voix généralement apaisant et moi, là-dedans, c'était le volcan, c'était l'angoisse, c'était le silence. » Elle avait au début refusé le dialogue en face à face avec lui. Elle s'asseyait sur le bord opposé du lit, à l'hôpital, dos tourné au médecin, main appuyée contre le mur. Dans cette position elle pouvait sinon lui parler, du moins accepter de l'entendre. La fonction primordiale de maintenance – dos à elle symboliquement contre ventre à lui – ayant été ainsi assurée, elle avait pu commencer de comprendre ce qui lui était arrivé. Je n'avais donc pas besoin de me charger de cette fonction. Je pus consacrer mon travail psychanalytique à l'établissement de la fonction suivante, celle de contenance de ses pensées/affects/fantasmes surgissant sous la forme d'hallucinoses très angoissantes.

P. Sellier (1991), l'éditeur et commentateur de Pascal, souligne le caractère central, dans la conception pascalienne de l'homme, de la pensée citée ci-dessus ; elle condense :

– une série de thèses qui se retrouvent en d'autres pensées :
  - l'intense rêverie de la tour ;
  - l'aspiration à la verticalité (« l'élévation », physique et spirituelle) ;
  - la quête d'un appui (« assiette », « base », « fondement ») ;
  - l'angoisse de la chute, physique et morale (« vertige », « précipice », « gouffre ») ;

– une série d'oppositions :
  - « fermé »/« ouvert » ;
  - « stable »/« fluctuant » ;
  - continuité (« constant »)/rupture (« craquer ») ;
  - « infini »/« rien » ;
  - tout/néant ;
  - vide du haut (colonne de mercure)/vide du bas (« abîme ») ;

– la double référence physique et spirituelle : terre/ciel ; orgueil/péché ; grandeur/misère ; permanent/périssable ; pesanteur (« chair », « esprit »)/(« cœur », grâce).

Le rapport des catégories logiques à l'organisation du corps et à ses fonctions – principalement à celles de la peau – s'inscrit dans la perspective de la phylogenèse. Les pulsions de vie à l'œuvre dans l'évolution des êtres vivants poussent à l'amélioration des conditions d'existence, de la reproduction des espèces, de l'élevage des petits, à l'émergence d'activités de plus en plus complexes orientées vers la synthèse, la nouveauté et la singularité. Le passage de l'animal à l'homme est marqué par un certain nombre de caractères qui laissent leurs traces dans la constitution du penser. Sans prétendre être exhaustif, le tableau n° 8 (p. 111) rassemble les plus importants.

Le principe auquel obéit et réagit la *verticalité* humaine est la force universelle de la gravitation, qui se traduit à la surface de la terre par la pesanteur. À la différence des mammifères quadrupèdes, le bipède utilise la pesanteur contre elle-même pour se tenir debout, à condition que son corps trouve son équilibre sur un polygone de sustentation (*appui*) et sur un accolement à une *colonne* verticale qui détermine un centre de gravité (*consistance*).

D'où les trois grands sens dérivés de la triple expérience de la verticalité, de la solidité et d'un plein central : colonne, appui, centre d'équilibre et source de rayonnement rythmique ; chacun de ces trois sens se développant de façon arborescente.

L'homme, en se redressant, résiste à la pesanteur et peut dominer êtres et choses qui y restent davantage soumis. Il trouve un nouvel équilibre postural et kinesthésique autour d'un centre, qui coïncide avec la satiété de l'estomac (chaleur, lourdeur, plénitude) après la tétée. En se redressant, il voit plus loin. Ses compétences visuelles se développent en articulation avec ses expériences tactiles ; il multiplie les acquisitions de schèmes sensori-moteurs. Ses perspectives, son point de vue changent, prennent de la hauteur, son cerveau se développe. Par rapport aux singes : *a.* il conserve cet outil prodigieux qu'est la main, mais il lui suffit d'être bimane, comme il lui suffit par ailleurs d'être bipède ; *b.* il perd le pelage qui protégeait le corps et auquel les petits s'agrippaient ; *c.* les femelles se libèrent de leur dépendance au cycle de l'œstrus et acquièrent une grande disponibilité au plaisir sexuel. D'où des conséquences : une plus grande finesse de la peau nue dans le contact avec les êtres et dans la connaissance des qualités sensibles ; un plus grand besoin de pare-excitation contre les quantités de stimuli exogènes et endogènes ; la nécessité d'une longue période de portage du petit par la mère et la famille : à l'agrippement se substitue le soutènement comme moyen d'assurer l'attachement réciproque de la mère et du petit ; l'angoisse de la séparation, de la chute, la peur du froid, de la mort, de l'obscurité favorable aux prédateurs… sont compensées par la vie en couple et en groupe.

Penser est affaire de fermeté : la fermeté du corps qui se redresse se transpose en fermeté d'esprit. L'homme s'affirme être pensant, d'où il tire sa dignité par rapport aux relations d'affrontement physique, régies par la loi animale du plus fort. Le pouvoir proprement humain consiste en la puissance de penser qui apporte à l'homme un pouvoir solide sur la nature et un lien social. Le penser a pour vecteur l'élan phallique qui pousse le corps humain vers le haut et le penser vers la fermeté des vues (la vue se substituant au toucher et préparant la fermeté des énoncés). Propos à tempérer par la reconnaissance de l'illusion phallique d'une toute-puissance imaginaire d'un savoir absolu. Le penser a ses erreurs, ses limites, ses faiblesses. Il y a une humilité nécessaire à l'exercice du penser. Le penser irrigue et fertilise le moi en conflit avec la réalité et le hausse vers l'idéal du moi.

Le centre de gravité n'est pas seulement un point d'équilibre par rapport à la pesanteur et à la verticalité ; il n'est pas seulement l'effet du soleil sur l'orbite des planètes ; il est aussi l'intériorisation d'une source de chaleur et de lumière. Geneviève Haag (1993) a mis en évidence la présence réelle ou symbolique de ce soleil dans les dessins des enfants. Le centre de gravité se double alors d'un centre d'émanation de forces et de rythmes, forces et rythmes représentés par les rayons et les hachures projetés par le soleil. Le premier espace psychique serait ce milieu traversé d'ondes, soutien des rythmes biologiques et source de résonance avec le monde et les autres.

Je pense car j'ai appris à marcher et pour cela à me tenir droit. J'écris car j'ai appris à tenir droit un crayon dans ma main, à tenir droit mon dos sur ma chaise, à écrire droit sur ma feuille.

> « D'où vient qu'un boiteux ne nous irrite pas et un esprit boiteux nous irrite ? À cause qu'un boiteux reconnaît que nous allons droit et qu'un esprit boiteux dit que c'est nous qui boitons. Sans cela nous en aurions pitié, et non colère. Épictète demande bien plus fortement : Pourquoi ne nous fâchons-nous pas si on dit que nous avons mal à la tête, et que nous nous fâchons de ce qu'on dit que nous raisonnons ou que nous choisissons mal ? » (Pascal, *Pensées*, 132.)

Un danger menace l'esprit qui s'éprend de grandeur, le danger de se perdre dans le grandiose, dans la grandiloquence, dans les grandeurs d'établissement (toujours Pascal). La légende de la Tour de Babel en tire la leçon. S'élever par les pensées vers un En-Haut absolu-septième ciel – toit du monde – sans rien au-dessus de lui marque la déviation de l'idéal du moi, capté, perverti par le moi idéal dans l'espace psychique, à l'instar de la lumière infléchie par le voisinage d'un trou noir dans l'espace cosmique. L'échelle de Jacob désigne au contraire une échelle de vie sacrée.

Maintien, soutien, échafaudage, adossement, port, axe, coordonnées, perspective, point de vue, horizon, ascension, etc. : voilà la série de signifiés, plus ou moins explicitement phalliques, que je viens de parcourir et qui renvoient à la verticalité humaine. Là, mon mouvement de penser est récapitulatif. La récapitulation n'est ni une simple sommation, ni une prétentieuse totalisation ; elle condense une genèse en s'efforçant de dégager le ressort qui l'a mise en branle et la dynamique qui l'a soutenue.

Par un processus d'abstraction croissante, je suis passé du mouvement originaire du penser, se dresser et se tenir debout par une affirmation auto-érotique et auto-constituante, à la notion immatérielle de la limite, de la ligne – ligne droite géométrique, ligne d'écriture, alignement d'objets concrétisant la première opération intellectuelle, la sériation. Les oppositions haut/bas, solide/inconsistant, appui/chute, s'effacent. La colonne cède la place au trait qui n'est plus exclusivement vertical ; celui-ci s'inscrit dans un plan, qui est son corrélat et dans lequel il peut prendre toutes les directions.

En un premier temps, le penser s'arrache au corps et s'organise autour d'un point central unidimensionnel. En un deuxième temps, il s'arrache à l'unidimensionnalité et ébauche un espace psychique bidimensionnel – la ligne – qui le crée lui-même par un mouvement simultané réciproque. L'opposition qui s'impose alors est figure/fond : la ligne émerge comme figure sur le fond représentant la peau déréalisée ; les combinaisons de lignes – parallèles, sécantes géométriques, colonnes de lignes écrites – dessinent, sur l'écran plat du plan, des configurations gestuelles du corps en général, du geste graphique en particulier dont l'élan, d'un mouvement bref et continu, c'est-à-dire d'un trait, dépose ce trait sur la surface de la feuille.

Une nuit, ma conscience, lumignon blanc clignotant dans les ténèbres, convoque et fait défiler des pensées, comme pour une représentation de mode ou pour une audition d'acteurs, dans l'espoir qu'il s'en présente une qui convienne. J'ai dû éliminer beaucoup de pensées candidates jusqu'à ce que surgisse l'image de Narcisse couché au bord du ruisseau où il se mire, victime d'une fascination qui le détourne de se lever. La pensée m'est alors venue que le narcissisme était une façon d'attaquer la dimension verticale de la psyché. « Je me couche » disent l'athlète qui refuse de continuer son effort physique, l'individu qui renonce à l'effort de penser. Après un moment de lutte intérieure, j'ouvre les yeux, je prends mon élan, je me lève pour, en écrivant cette pensée, tester sa valeur : est-elle fantasme ou concept ? Le penser couché est souvent trompeur. Il convient de le confronter au penser debout, qui est plus réaliste mais qui exerce moins l'imagination créatrice. Le divan de la cure psychanalytique classique met face à ce même problème l'analysant (surtout si, comme Freud le faisait à ses débuts, on lui demande de fermer les yeux) et l'analyste.

## Les attaques contre le penser-debout

Il me faut énumérer les principaux ennemis du penser-debout : la régression à l'horizontale, la fixation à une relation circulaire avec le maternel, la facilité d'habiller la psyché avec des pensées du type prêt-à-porter ; plus généralement la précipitation et la prévention (Descartes (1657), cette fois-ci). (Le penser ne travaille pas seulement les pensées. Trois modaliseurs le travaillent : l'indéfinitif, le récapitulatif, le négatif.)

L'angoisse corrélative de cette fonction primordiale de maintenance est celle de la chute, de l'abandon, du rejet, la détresse originaire de l'appel à l'aide inentendu, de la perte du soutien. Parmi les supplices appliqués par les bourreaux à leurs victimes figurent la suspension en l'air avec privation de l'appui sur le sol et éventuellement avec l'inversion du sens de la verticalité (la victime suspendue la tête en bas). Un remède physique à l'angoisse de la perte du support fondamental, c'est de s'appuyer dos contre ventre ou ventre contre dos, avec un corps familier. Ainsi Samuel Beckett en usait-il avec son frère aîné. L'attaque peut donc viser l'existence de la verticalité (c'est le repli narcissique). Elle peut atteindre sa solidité (*cf.* les rêves de vers qui sortent de sa propre chair, les images de soi comme des mollusques, comme algue). L'attaque peut porter sur la présence de l'appui : c'est le désétayage. L'attaque peut s'en prendre à la consistance de l'appui : Samuel Beckett, dans son œuvre romanesque, en a décrit deux grandes formes : se sentir s'effriter comme du sable, se sentir ramper dans la boue.

Je termine sur deux illustrations poétiques que je dois à Michel Mathieu, un vers de René Char :

> Beauté, ma toute-droite [1]

et deux vers de Rilke :

> Or un arbre monte, pur élan, de lui-même :
> Orphée chante ! Quel arbre dans l'oreille. [2]

1. *Charme des Vosges*, La Pléiade, p. 239.

2. Début du premier *Sonnet à Orphée*.

## *Fonction 2*

# CONTENANCE [1]

## *Énoncé principiel*

La peau enveloppe le corps ; par analogie, le moi enveloppe le psychisme ; par analogie, le penser enveloppe les pensées.

## *Commentaires*

*a* – Le concept d'enveloppe psychique englobe plusieurs notions :
- celle de sac qui contient ;
- celle de bord qui délimite ;
- celle d'interface qui met en contact les deux réalités qu'elle sépare ;
- celle de frontière qui filtre le passage ;
- celle de sphère (boule, monade...) auto-suffisante.

*b* – Chaque notion positive appelle un envers négatif et constitue avec lui un couple d'opposés :

*1*. l'enveloppe-sac est lisse, homogène, solide, mais elle peut être trouée par analogie avec les orifices naturels (moi-peau passoire) ; d'où le couple principal continu/discontinu spatial et temporel, et les couples annexes lisse/rugueux, solide/liquide, simple/complexe ;

*2*. l'enveloppe-bord délimite un territoire fixe, mais il y a fluctuation des limites par pression de l'extérieur qui rétrécit le territoire et/ou par poussées de l'intérieur dans le sens d'une expansion ; d'où le couple principal dedans/dehors et les couples annexes fixe/malléable, expansion/réduction, asthme/eczéma ;

*3*. l'enveloppe-interface met en contact les deux réalités différenciées mais il y a un interstice, des fissures, une usure par frottements dans l'interface, d'où le couple principal adhésivité/laxité, et le couple annexe colmatage/décollage ;

*4*. l'enveloppe-garde-frontière contrôle les passages dans les deux sens de la sortie et de l'entrée ; mais elle peut se bloquer et tout laisser passer ou ne rien laisser passer ; le couple principal est ouvert/fermé ; les couples annexes sont inhibition/libération, résistance/frayage, ouverture brusque/progressive ;

---

1. Le lecteur trouvera une étude plus détaillée dans mon chapitre « Conteneur-contenant-contenir » de l'ouvrage collectif *Les contenants de pensée*, Paris, Dunod, 1993.

5. l'enveloppe-sphère donne un volume au moi confondu avec le soi (narcissisme secondaire), mais il y a risque d'aplatissement par vidage ou d'explosion par trop-plein ; le couple principal est bi-/tridimensionnel ; les couples annexes sont vide/plein, élation/dépression, auto-étayage/déréliction.

*c* – Les représentations de la texture de l'enveloppe sont variées :

– filet, tamis, réseau maillé ;
– arborescence ;
– pli ;
– anneau, nœud, tresse…

*d* – Il faut distinguer le contenant-peau (visant au simple contact tactile global qui contient l'intérieur du corps) et le contenant-main (se diriger vers l'objet, s'en saisir, le transporter) où le contenant est plus localisé, plus actif, et qui contient des objets externes. Le contenant-nez, le contenant-bouche, le contenant-oreille, le contenant-anus en sont des précurseurs ou des compléments. Le contenant-visuel les récapitule et les restructure (*cf.* la double boucle de l'enveloppe visuelle décrite par G. Lavallée, 1993).

*e* – Il y a trois niveaux de contenance [1] :

– le conteneur, mécanique, passif ; le sein-w.c., le dépôt ;
– le contenant, en interaction avec le contenu ; la relation mère/nourrisson, le *feed back* ;
– le contenir : la saisie active de l'objet par la main ; son modelage ; le medium malléable (Roussillon, 1991).

*f* – Le contenant-peau renforcé par le contenant-main se moule sur les formes du contenu dans l'exploration mutuelle du corps de la mère et de l'enfant. Le contenant est modifié par la forme des contenus (à la différence du conteneur, pur espace vide différent des objets contenus) ; *cf.* les dialectiques onde/corpuscule, continu/discontinu, inertie/attraction, mécanique/électromagnétique, carte/territoire, cadre/modèle.

*g* – Il y a des transferts de conteneur ou de contenant (C. Guérin, 1990).

1. Je dois à René Kaës la distinction du contenant et du conteneur ; mais je l'entends à l'inverse de lui : pour moi, le conteneur est passif ; le contenant, actif.

## Fonction 3

# CONSTANCE : LE PARE-EXCITATION

### Énoncé principiel

LA PEAU DÉFEND LE CORPS CONTRE L'EXCÈS D'EXCITATIONS EXOGÈNES, TOUT EN CONTRIBUANT AU MAINTIEN D'UN NIVEAU SUFFISANT DE STIMULATION. LE MOI-PEAU DÉFEND LE PSYCHISME CONTRE L'EFFRACTION PULSIONNELLE ENDOGÈNE TOUT EN CONTRIBUANT À SATISFAIRE SUFFISAMMENT L'APPÉTIT D'EXCITATION. LE PENSER DÉFEND LE MOI-RÉALITÉ CONTRE L'ENVAHISSEMENT PAR LES PENSÉES TOUT EN CONTRIBUANT À ASSURER LA CONTINUITÉ DE L'ACTIVITÉ PENSANTE.

### Commentaires

## La double surface

Le chapitre précédent a présenté le moi-peau dans sa fonction de contenance comme une enveloppe biface, une face tournée vers l'intérieur de l'organisme, l'autre tournée vers l'extérieur. Très tôt, dans l'histoire des êtres vivants, l'enveloppe individuelle se différencie en deux feuillets qui acquièrent une structure et une fonction différentes. Par exemple la gousse rigide du haricot a une fonction de protection du fruit ; elle renferme des grains plus menus, plus tendres, entourés d'une fine « peau », qui assure les échanges physico-chimiques avec l'extérieur. Chez l'enfant, semblablement, l'enveloppe psychique se différencie en deux feuillets emboîtés que j'ai proposé d'appeler la *surface d'excitation* (et de pare-excitation) pour la plus externe et la *surface d'inscription* (ou de communication) pour la plus interne. La première assure la conservation de l'individu ; la seconde les échanges avec le milieu. Le présent chapitre trois est consacré à la surface d'excitation. Le chapitre suivant, quatre, à la surface de communication.

La distinction des deux surfaces permet et requiert l'acquisition d'une opposition catégorielle fondamentale : qualité/quantité. Le pare-excitation filtre les quantités : Freud, en 1895, l'avait d'abord nommé le pare-quantités. La surface de communication est d'abord surface d'enregistrement, d'inscription des traces laissées par les expériences sensori-motrices ; elle filtre les qualités.

La surface d'excitation est dérivée des barrières de contact ; elle laisse passer certaines excitations faibles et fait obstacle au passage d'excitations fortes. D'où les catégories : conduction/inhibition, continu/discontinu, faible/fort. Une excitation trop forte peut détruire la barrière de contact qui lui faisait obstacle, passer en force et se répandre dans tout ou partie de l'organisme : c'est le traumatisme, qui peut s'avérer catastrophique. Le mode d'action n'est pas le même selon l'origine externe ou interne de l'excitation : d'où l'opposition exogène/endogène, mien/non-mien (Winnicott, 1958).

L'excitation exogène est fournie par les stimuli physico-chimiques et biologiques émanant des autres « corps » du monde extérieur. L'organisme a besoin de cet apport énergétique. La surface d'excitation recueille, filtre et transmet les excitations utiles à ce but et d'intensité moyenne. Elle tempère l'excès de stimulations pour rendre celles-ci utilisables. La surface d'excitation est par une face un transmetteur. Par son autre face, elle est un inhibiteur : on l'appelle alors le pare-excitation.

L'excitation endogène est d'une nature différente, et elle appelle un traitement différent. Elle vient de l'intérieur du corps, puis de la psyché. Ce sont les affects, quelle qu'en soit la qualité (euphorique/dysphorique, aimable/hostile...) ; ce qui compte pour la surface d'excitation, c'est le degré de violence que l'affect lui fait subir. Elle devient alors enveloppe d'angoisse ou de souffrance. L'angoisse est le signal d'alarme d'un danger interne : l'affect en est le représentant, le messager des pulsions qui sourdent et réclament satisfaction. L'affect est vécu : il n'est pas d'emblée reconnu. Ou bien la surface d'excitation l'efface, ou bien elle le projette dans le monde extérieur pour le traiter en objet contrôlable et identifiable.

La surface d'excitation et son envers le pare-excitation s'étaient sur la peau. L'enfant exposé à des stimulations trop précoces, trop nombreuses, trop fortes, doit recourir à d'autres étayages. Une forme est l'étayage musculaire qui donne un pare-excitation plus dur, plus solide, plus gros. Une autre forme est la ceinture de flou, de fumée, de « brouillard » qui précisément « brouille » le ressenti.

## Auto-analyse d'un pare-excitation de rêve

Au moment d'écrire ce chapitre je fais un de mes rêves habituels de danger. Dans les rêves du premier type, je suis réellement menacé par des personnages hostiles. Aujourd'hui, il s'agit d'un rêve du second type, où il n'y a ni personnage précis, ni danger manifeste. Des êtres indéfinissables sont là. Ils vaquent à leurs occupations. Ils sont tranquilles. Ils ne s'occupent pas de moi. Ont-ils même repéré ma présence ? La pensée me vient que je dois me méfier, que ce calme apparent est louche, que leur neutralité est malveillante, qu'il vaut mieux prendre les devants, opérer par surprise, et les faire fuir. Je pousse un hurlement qui réveille la maisonnée et moi-même. Je me lève pour effacer l'image onirique, boire, me soulager, remonter le chauffage. Je me recouche, m'assoupis en réfléchissant sur mon rêve : ce soir j'anime un séminaire sur la seconde théorie freudienne de l'angoisse, considérée comme signal d'un danger. C'est ce que mon rêve a mis en scène. Le cri d'angoisse que j'ai poussé n'était pas comme dans le premier type de rêve, un appel au secours. C'est un signal de mobilisation de mes forces : il faut attaquer le danger avant qu'il ne se manifeste, il faut faire peur avant qu'on ne me fasse peur. Le rêve a réussi : les habitants de la maison ont pris peur.

Quels sont ces êtres flous dont je rêve le voisinage ? Mes pulsions, bien sûr, indifféremment sexuelles et agressives, qui pour le moment ne s'occupent pas de moi et que je dois prendre de vitesse avant qu'elles ne s'éveillent et ne troublent mon sommeil. Plus généralement ce sont les excitations indifféremment endogènes et exogènes auxquelles je dois faire face : soif, miction, fraîcheur, journée chargée qui m'attend, séance peu agréable chez le dentiste, coup de fil que j'ai hâte de donner, voyage fatigant à préparer. La solution de l'énigme de mon rêve m'apparaît alors dans un demi-sommeil : j'ai rêvé que j'avais un pare-excitation en état de marche, que je pouvais avoir confiance en lui, qu'il saurait me protéger de mon noyau persécutif. Peu importe l'exactitude de mon interprétation. L'essentiel a été son efficacité : j'ai dormi plus profondément et plus longuement que d'habitude et je me suis levé, dispos et actif. Et en prime j'ai trouvé la vignette clinique qui me manquait pour ce chapitre sur le pare-excitation.

Grâce au pare-excitation, les pensées sont une espèce protégée maintenues dans une réserve naturelle.

## L'excitation de penser

Un premier paradoxe est non pas binaire mais ternaire : l'excitation empêche de penser ; l'excitation est nécessaire au penser ; l'excitation oblige à penser.

Face à l'excitation et au désordre économique qu'elle produit, l'appareil mental réagit de façon différente selon son principe de fonctionnement dominant. Si c'est le principe de constance, l'excès d'excitation est soumis à une décharge automatique, soit dans le monde extérieur (passage à l'acte), soit dans le corps (atteinte d'un organe), soit dans la psyché (atteinte d'une fonction mentale). Si c'est le principe de Nirvâna, l'excitation même, et non son excès, est redoutée comme dérangeante ; elle est fuie : d'où la distanciation, le désinvestissement, le retrait ; d'où les projections hallucinatoires du désir dénoncé comme trompeur. Si c'est la contrainte de répétition, la psyché recherche, en rêve ou en réalité, les situations où l'envahissement par des excitations a été traumatique, afin de réparer le traumatisme après coup. Si c'est le principe du plaisir, la satisfaction de l'excitation, impossible pour des raisons matérielles et/ou morales, est obtenue par des actes substitutifs : rêverie, auto-érotisme, fuite dans l'imaginaire, addiction…

Le recours aux activités mentales substitutives peut être le fait du psychanalyste, si celui-ci a du mal à supporter soit un fonctionnement psychique du patient trop étranger au sien, soit la situation psychanalytique même. Le psychanalyste s'absente alors mentalement de la séance, faute d'arriver à penser ce qui s'y passe. Il se complaît dans une rêverie éveillée tout à fait personnelle (différente de la rêverie éveillée décrite par Winnicott, 1971, où la mère imagine le destin possible de son enfant). Il s'assoupit. Il fait ses comptes, écrit une lettre, allume cigarette sur cigarette…

Les quatre modes de fonctionnement mental possibles du patient (contenance, Nirvâna, répétition, plaisir/déplaisir) ont en partage un interdit implicite du penser et le recours à des solutions plus rapides et plus économiques que de penser, c'est-à-dire que de différer l'obtention du plaisir ou le rétablissement de l'homéostase ou que de prendre le temps et de faire l'effort de réfléchir sans être assuré que cet effort aboutisse. Penser, c'est supporter l'excitation, prendre du recul par rapport à elle, marquer des limites à son envahissement de la conscience. Le penser n'apparaît qu'avec un cinquième principe de fonctionnement de la psyché, le principe de réalité.

Mais penser requiert un investissement libidinal qui soutienne son activité. Penser consomme de l'énergie, psychique et physique. Penser est fatigant. Plus un patient requiert un effort de compréhension du psychanalyste, plus ce dernier éprouve le besoin d'une pause, d'une compensation, d'une recharge.

Le penser psychanalytique ne requiert pas seulement, comme tout penser, un décentrement par rapport à ce qui est su d'avance ou ressenti au moment même concernant la réalité de son objet. Il s'agit d'une réalité particulière : penser en psychanalyse, c'est penser la réalité du fonctionnement mental d'autrui quand celui-ci ne fonctionne pas selon le principe de réalité (la règle fondamentale de libre association vise d'ailleurs à le suspendre). Un des travers que j'ai plusieurs fois observé chez l'analyste débutant est de « reprendre » le patient (comme le maître le fait pour un élève) parce qu'il déraisonne, c'est-à-dire qu'il le raisonne selon un des quatre autres principes du fonctionnement mental alors que lui-même, l'analyste, fonctionne ou veut fonctionner selon le principe de réalité.

Prenons quelques exemples :

1. tel jeune psychanalyste ne tolère pas un silence prolongé du patient (qu'il interrompt par des questions voire par un rappel de la règle de non-omission) quand il sent que ce silence s'accompagne d'une régression vers l'état de narcissisme primaire et qu'il craint d'être lui-même entraîné dans cette régression ;

2. l'analyste débutant s'indigne du récit cent fois ressassé par le patient d'un même épisode et, croyant « interpréter », il pointe là une « répétition » inutile, inefficace, qui empêche le patient de produire des associations nouvelles ; l'analyste se sent usé par la répétition sans s'apercevoir que le but de celle-ci est d'user un traumatisme initial et que cette usure est transférée sur la psychanalyse et sur le psychanalyste ; qu'ainsi ce dernier est invité à se laisser travailler par la répétition et à montrer au patient comment il est possible de l'élaborer ;

3. l'analyste en formation est déçu et amer quand le patient revient sur les progrès accomplis, en doute, les oublie, les dénie. L'analyste est tenté de renoncer au travail ingrat de penser, de laisser tomber le patient (qui n'a que trop tendance à se laisser tomber lui-même), de l'accuser intérieurement d'ingratitude et ouvertement de mauvaise volonté ou de falsification du travail effectué, sans voir que le patient est attaché au principe de constance, qu'un pas en avant requiert un pas en arrière, que l'équilibre anciennement acquis est préférable pour lui à l'aventure d'un équilibre nouveau, inconnu, incertain.

## Un faux pare-excitation : ne pas penser à quelqu'un

Edmonde, une patiente, se plaint que son ami soit parti à l'étranger pour dix jours sans elle. Après son départ, elle a été envahie par un fort ressentiment et elle a décidé de ne plus penser à lui pendant cette période. Elle s'arrête de parler, réfléchit et reprend : « Ça ne me sert à rien. Toutes les heures, je pense que je ne dois pas penser à lui. »

## Préserver la surface d'inscription : ne penser à rien

Insomnie. Mon moi désirerait dormir. Mon surmoi voudrait me faire agir : j'ai beaucoup de tâches à accomplir au cours des jours qui viennent : je devrai, exige-t-il, commencer sans retard. Je chasse difficilement ces injonctions inopportunes. Comme je voudrais être débarrassé de leur stimulation ! En somnolant, je pense que j'aimerais ne penser à rien. Cette phrase s'accompagne d'une image visuelle : j'assiste à la projection d'une bande vidéo qui a été effacée ; l'écran reste clair et vide. Je pense : si le rêve nocturne accomplit les désirs refoulés la veille, la rêverie endormie accomplit le refoulement des désirs relatifs au lendemain. L'essentiel est que la pellicule du rêve soit maintenue vierge de tout enregistrement prématuré. Me voilà rassuré : mon appareil à penser reste intact. Je peux me rendormir.

## Fonction 4

# SIGNIFIANCE : LA SURFACE D'INSCRIPTION[1]

### Énoncé principiel

La peau enregistre les traces de l'interaction du corps et du monde et produit les premiers signaux élémentaires à destination d'autrui. Le moi-peau enregistre sur la peau psychique et associe entre elles les représentations de choses et de mots et produit les premières formations symboliques. Le penser procède sur la surface d'inscription à l'encodage des signes qui articulent des signifiants à des signifiés, et renvoie aux qualités distinctives des choses, des mots, des pensées

### Commentaires

C'est avec des patients adultes et névrotiques que le *cadre psychanalytique* fonctionne sous sa forme canonique. Il est défini par un système de consignes, spécifique de la situation psychanalytique en ce qu'il enclenche (plus ou moins vite) le processus psychanalytique chez le patient et fonde la possibilité du travail de l'interprétation chez le psychanalyste.

Pour l'essentiel, ce système comprend deux consignes, souvent présentées comme les deux versants d'une même règle fondamentale. Elles sont en effet complémentaires pour le patient et chacune d'elles a sa réciproque chez le psychanalyste. La première consigne (ou règle de non-omission) demande au patient de penser par associations libres et de les verbaliser ; y répond l'attitude d'attention également flottante du psychanalyste. La seconde consigne (ou principe d'abstinence) requiert du patient de se limiter à des relations verbales avec son psychanalyste, ce qui exclut les relations privées, les relations sociales, les actes agressifs ou sexuels ; y répond chez le psychanalyste l'attitude de neutralité bienveillante, neutralité car il s'abstient de donner satisfaction aux désirs transférentiels du patient, bienveillance car il cherche à comprendre ces désirs au lieu de les condamner ou de les rejeter.

Ce système de consignes, qui est invariable, s'insère dans un dispositif pratique, qui peut varier selon l'âge et la pathologie du patient, et

1. La première moitié du présent chapitre reprend mon article « Cadre psychanalytique et enveloppes psychiques », *Journal de la psychanalyse de l'enfant*, 1986, n° 2, p. 12-24.

qui précise horaires, durée, honoraires, position dans l'espace, etc. Un patient du type état-limite pourra être reçu en face à face plutôt qu'allongé sur un divan. Certains patients psychotiques, anorectiques, psychosomatiques graves seront plus efficacement traités en présence active de leur groupe familial qu'individuellement. Des cas de dépression narcissique requièrent parfois un aménagement du nombre, voire de la régularité des séances : il convient de les recevoir tantôt tous les jours, tantôt pour une longue séance hebdomadaire, ou même à la demande. Mais les deux consignes fondamentales sont généralement maintenues, fût-ce avec souplesse et progressivement.

Avec les enfants, c'est non seulement le dispositif matériel (l'espace, les objets, le paiement) qui est adapté à leurs besoins et à leurs possibilités, mais les deux consignes sont elles aussi aménagées. De plus, elles sont moins nettement distinguées. Le dessin libre, le jeu libre remplacent ou soutiennent les associations verbales ; la séance est un mixte d'associations, d'actes et de paroles exprimant des pensées signifiantes. Quant à l'interdit du toucher, impliqué par le principe d'abstinence, le psychanalyste ne le met en œuvre qu'au moment opportun et si possible en accompagnant son énoncé d'une interprétation. Plus il est jeune ou perturbé, plus l'enfant doit se sentir libre de toucher le corps du thérapeute et d'être touché par lui, de manipuler les objets présents dans la pièce, voire d'en détruire certains. Par contre et au plus tard avec la puberté, le thérapeute s'abstient, surtout s'il est de sexe opposé, de tout geste susceptible d'être ressenti par le jeune patient comme violent ou comme séducteur. Jusque-là, les deux consignes fondamentales ne sont pas différenciées par l'enfant – ni par le thérapeute.

Pourquoi ce cadre analytique ? Ma réponse est qu'un tel cadre n'a pu être inventé par Freud et confirmé par ses continuateurs que parce qu'il présente une analogie avec la structure topographique de l'appareil mental. À chacune des deux consignes correspond en effet une enveloppe psychique différente. L'emboîtement des deux consignes au sein d'une même règle fondamentale reflète l'emboîtement originaire des enveloppes constitutives de la psyché, qui font de celles-ci un appareil à penser les pensées, à contenir les affects et à transformer l'économie pulsionnelle.

Deux des enveloppes psychiques les plus importantes : le pare-excitation, la surface d'inscription, sont en effet mises en œuvre respectivement par le principe d'abstinence et par l'invitation aux associations libres. L'abstinence d'actes autres que sémiotiques ou symboliques met à l'abri de l'excitation pulsionnelle interne les deux partenaires engagés dans la cure et la canalise dans le transfert. À quoi s'ajoute le dispositif matériel qui tempère les excitations physiques externes :

bruit, lumière, température, etc., ce qui permet à la séance de se dérouler dans une niche écologique relativement protégée. Le cadre psychanalytique minimise les stimulations exogènes et maximise l'attention portée à l'excitation interne, première condition de sa compréhension.

La consigne de libres associations concerne non plus le traitement de l'excitation mais la production d'un matériel signifiant en vue de sa communication (souvenirs, rêves, incidents de la vie quotidienne, pensées ambiguës, paradoxales, absurdes, et aussi affects).

L'appareil mental de l'enfant acquiert un moi – qui reste encore un pré-moi corporel ou moi-peau – quand s'amorce cette structure topographique à double enveloppe ; l'une recevant l'excitation, l'autre les significations (signaux, indices, simulacres, signifiants linguistiques).

Le terme français d'*écran* a deux sens distincts qui conviennent pour décrire respectivement la fonction principale de chaque enveloppe. La première enveloppe, la plus superficielle, que Freud (1895) a dénommée pare-quantités puis pare-excitation, interpose un écran, au sens d'obstacle, de bouclier souple et ferme, entre le monde extérieur et la réalité psychique. Le pare-excitation est une condition topographique des deux grandes formes de plaisir. D'une part, il laisse passer une partie de l'excitation ; celle-ci, selon sa nature, sa localisation, son intensité, ses périodes, produit soit un plaisir d'excitation (de la peau, des organes des sens et/ou de la motricité), soit une douleur. D'où la recherche ou l'évitement de certaines sources d'excitation ; d'où un appétit d'excitation (au plaisir ou à la douleur), comparable au bassin d'attraction postulé par René Thom (1983) dans sa théorie mathématique des catastrophes. D'autre part, le pare-excitation maintient dans un système fermé la montée pulsionnelle interne jusqu'au point où la décharge devient nécessaire quantitativement et possible grâce à la présence et à la disponibilité de l'objet du désir. D'où le plaisir de la décharge différent du plaisir d'excitation, comme G. Darcourt l'a bien montré.

La seconde enveloppe est constituée par le réseau maillé de ce que Freud appelle en 1895 les barrières de contact et qu'il décrit plus tard dans *Le Moi et le Ça* (1923) et dans la *Note sur le bloc magique* (1925) comme la superficie de l'appareil mental, comme sa membrane sensible, au sens sensoriel et non plus à celui de plaisir ou de douleur. Elle déploie un écran, cette fois au sens optique ou cinématographique du terme, c'est-à-dire un support de projection d'images tactiles et visuelles, une pellicule impressionnée par des signaux sensoriels et kinesthésiques, qui peuvent soit devenir conscients soit s'associer à des pulsions dont ils se font les représentants et être entreposés dans le préconscient. Le rêve tente de rétablir chaque nuit cette pellicule.

L'une et l'autre enveloppes ont aussi une fonction de *filtre*. En effet, le pare-excitation n'est pas complètement imperméable ; il laisse normalement passer les quantités d'excitation exogène qui s'avèrent nécessaires : un organisme dépourvu de stimulations externes dépérit. Quant aux stimuli endogènes, pulsionnels, il essaie, malgré leur caractère généralement rythmique, de les maintenir à un niveau constant. D'ailleurs, la distinction des stimuli exogènes et endogènes suppose l'acquisition du pare-excitation. De son côté, la surface d'inscription n'enregistre pas n'importe quoi, n'importe comment. Elle coïncide au départ avec la sensation qui enveloppe la psyché (*cf.* l'odeur de rose qui envahit la conscience de la statue dont le philosophe Condillac (1754) forgeait la fiction) et elle apporte le bain sensoriel qui met en branle le fonctionnement mental. Puis elle classe les sensations de même nature en couples d'opposés ; enfin, elle attribue à un même objet externe la source des sensations fournies par les différents organes des sens et de la motricité (consensualité). Ici, c'est un *principe de différenciation* qui est à l'œuvre, différent du *principe de constance* qui régit la gestion de l'excitation. Écran protecteur, écran projectif ; filtre quantitatif, filtre qualitatif : confusion des choses précédant la confusion des mots. L'enfant n'a pas une représentation claire et distincte de ces différentes enveloppes, et non plus le patient adulte dont la psyché reste marquée en grande partie par la névrose infantile et qui a le sentiment confus d'avoir affaire à une règle fondamentale globale.

Le développement de l'appareil mental et du moi passe par la différenciation progressive de ces deux enveloppes et par l'établissement entre elles d'articulations qui maintiennent en même temps un écart suffisant. Le libre jeu qui s'ensuit permet par exemple l'accès à l'aire transitionnelle. D'où des pathologies diverses correspondant à chacune des trois étapes de ce développement topique : indifférenciation, décollement, emboîtement des enveloppes psychiques. Ces pathologies se manifestent dans des distorsions correspondantes du cadre psychanalytique, qui leur sert ainsi de révélateur ; parfois même, elles requièrent des aménagements de ce cadre pour rendre possible le traitement psychanalytique.

La différenciation des deux enveloppes, celle qui est sensible à l'excitation, celle qui est sensible à la communication, est difficile à opérer non seulement en pratique mais tout autant en théorie et le psychanalyste qui n'en a pas une idée suffisamment nette risque de se méprendre sur la nature du matériel apporté par le patient et sur la conduite du traitement. À la libido qui recherche l'excitation présexuelle et sexuelle et sa satisfaction auprès d'un objet excitant-excité, l'éthologiste Harlow et le psychanalyste Bowlby (1969) ajoutent une pulsion d'attachement, déclenchée par des signaux spécifiques : la douceur, la chaleur du contact, la solidité du portage, le sourire, les échanges sensoriels pendant l'allaitement (auxquels il convient d'ajouter l'accord des rythmes). Cette pulsion assurerait l'établissement d'une sécurité narcissique de base sur le fond de laquelle l'échange signifiant avec l'autre peut s'instaurer selon une pluralité de codes, eux aussi emboîtés, communs aux interlocuteurs.

L'excitation pulsionnelle et la signalisation sensorielle motrice, puis sémiotique, ont des causes et des destins différents. Elles opèrent en des lieux psychiques distincts. Une des premières manifestations de cette division topographique est, par exemple, l'acquisition par le tout-petit des oppositions distinctives veille-sommeil (c'est-à-dire excitation en plus ou en moins) et humain-non humain (c'est-à-dire émetteur-récepteur de messages ou non). De telles acquisitions renforcent, affinent, complètent la division topographique, qui peut produire alors de nouvelles distinctions dans la psyché.

## *Fonction 5*

# CORRESPONDANCE, CONCORDANCE, CONVERGENCE, CONSENSUALITÉ

### *Énoncé principiel*

LES SIGNES DÉPOSÉS SUR UNE SURFACE D'INSCRIPTION DEVIENNENT DES ÉLÉMENTS QUI CONVERGENT POUR CONSTITUER DES ENSEMBLES STRUCTURÉS SELON DES CODES, C'EST-À-DIRE DES SYSTÈMES DE CORRESPONDANCES ENTRE LES PARTIES ET ENTRE ELLES ET LE TOUT. LES SCHÈMES DE TRANSFORMATION SUCCÈDENT AUX SCHÈMES D'ENVELOPPE.

### *Commentaires*

*a* – Les parties s'accordent selon des proportions « harmoniques » ; l'être humain considéré comme microcosme se pense en « sympathie » avec l'univers ; la peau se présente comme sens commun aux quatre autres sens entre lesquels des systèmes de liens peuvent se concevoir ; l'illusion groupale fond les esprits des membres d'un groupe en une psyché commune.

*b* – Il y a :

- des correspondances intra-sensorielles :
  - entre les sons (musique, chant) ;
  - entre les couleurs (peinture), etc.
- des correspondances inter-sensorielles ;
  - entre les sons et les couleurs (Rimbaud) ;
  - entre tous les sens (Baudelaire, le symbolisme) ;
- des correspondances temporelles :
  - les rythmes physiques, organiques, sociaux (la résonance, la danse, etc.) ;
  - les cycles (pulsionnels, etc.) ;
- des attaques contre la fonction de correspondance ; notamment par l'établissement de fausses correspondances…

## Le travail du récapitulatif et l'accès à la pensée par système de correspondance

Le célèbre énoncé de Haeckel (1868), selon lequel l'ontogenèse reproduit la phylogenèse, est sans doute inexact. Du moins, pour la science biologique d'aujourd'hui, il n'a plus cours. Mais il met en évidence une démarche du penser capitale, qui comporte plusieurs variantes : la pensée synthétique, la pensée en abyme, la pensée par système de correspondance, la pensée sur le modèle des objets fractals (où chaque élément reproduit la configuration de l'ensemble), la pensée intégrative (au sens jaksonien : l'organe créé en dernier prend la direction, le contrôle du système antérieur), etc. Le travail associatif du patient, à travers ses redites, ses variantes, ses blocages, mais à l'intérieur d'un champ dynamique orienté par le transfert, amène le patient à reconstruire – ou à construire tout court – son histoire, l'histoire de ses conflits psychiques, des effets de ses traumatismes dans ce que cette histoire a eu de spécifique, de singulier (son ontogenèse), et dans ce qu'elle a eu de conforme aux phases générales de développement topique et pulsionnel (phylogenèse). Toute l'histoire passée se retrouve potentiellement présente dans chacune de ses parties. Elle s'y répète, déformée, déguisée, détournée, réduite ou amplifiée, vue d'une autre facette. Inversement, une seule partie peut mimer, résumer le tout à venir. On sait l'importance de la première séance, qui contient souvent la programmation de toute la cure, son logiciel en quelque sorte. Le soliloque beckettien est exemplaire de ce que j'appelle là le travail du récapitulatif.

Chez Julien Gracq, la coupure de l'entrée dans la maturité (ou dans la vieillesse) se manifeste par un changement dans la structure du récit. Le roman comme scénario mortifère se déroulant sur un fond vivace de paysage est retourné comme un gant. Le scénario, les humains et leurs drames, s'estompent. La description des paysages extérieurs, les notes de lecture (c'est-à-dire les paysages internes) deviennent l'unique thème des œuvres. Le rapport au paysage montre la genèse de la pensée par système de correspondances. Les cures en fournissent de nombreux exemples. L'objet à décrire, ce sont pour Beckett les sentiments dysphoriques ; pour Gracq, les sensations euphoriques. Dans les deux cas, l'objet est l'imago maternelle, bonne et confondue avec la nature chez celui-ci, méchante et non déguisée chez celui-là.

## Un exemple de pensées juxtaposées par collage : le cas Desplanches

J'appellerai mon patient Desplanches en raison d'un atelier où son père passe son temps libre et où, depuis l'enfance, Desplanches le rejoint volontiers. Atelier où s'empilent des planches de tout bois et de toutes dimensions et qui est et reste le lieu principal des scènes entre les deux bricoleurs. Mes efforts pour analyser la rivalité œdipienne mutuelle restent inopérants : celle-ci est réelle mais trop consciente pour que la formuler apporte une quelconque révélation. Qu'est-ce qui se cache sous ce survêtement œdipien ? Le récit répété de ces scènes, tantôt actuelles, tantôt anciennes et remémorées, occupe et embolise les séances. Les efforts des deux hommes pour s'entendre et fabriquer ensemble une pièce de mobilier sont le plus souvent vains : « Ça ne colle jamais entre eux. » L'expression est à prendre dans tous les sens : ils sont en désaccord sur la technique de fabrication ; quand il s'agit de faire tenir deux planches ensemble, le fils plante des clous, ce qui scandalise le père, farouche partisan du recours à la colle. Mais le père se trompe facilement dans la disposition respective des planches qu'il colle. Il faut décoller, tâche subalterne désagréable qui revient au fils et le fait maugréer. Ses doigts s'empêtrent dans les restes de colle.

Dans une séance que je vais résumer, Desplanches évoque son horreur du visqueux et, sur ma suggestion, il la rapproche de son dégoût du lait maternel et du sperme produit par la masturbation, laissant l'un et l'autre des traces gluantes sur son corps. Il exprime ensuite un mouvement d'aversion à mon égard, qui a pris naissance, dans l'intervalle entre les dernières séances, en repensant à celles-ci : les rapprochements que je lui propose ne lui servent à rien. Bref, ça ne colle pas. Il rapporte alors l'incident survenu le dimanche précédent avec son père. Ce dernier lui avait lancé un appel au secours téléphonique : il avait creusé deux trous dans un des murs de sa maison pour faire passer un fil électrique et le fil ne voulait pas passer. Desplanches arrive, regarde et comprend que les deux trous ont été percés non dans le prolongement l'un de l'autre mais de travers. Ça ne peut pas coller. Le père refuse l'explication, accuse Desplanches de mauvaise volonté. Il l'a fait venir non pas pour discuter mais pour faire passer le fil dans les deux trous : ce qui est matériellement impossible. Le ton monte. Desplanches finit par s'emparer de la perceuse, fait un nouveau trou correctement situé et passe le fil sans problème. « C'est toujours comme ça avec mon père : celui-ci n'a pas les yeux en face des trous. Il fait les choses de travers. Il veut rapprocher des morceaux qui ne vont pas ensemble et il n'y arrive pas. Il exige des autres qu'ils réalisent à sa place son idée qui s'avère en fait impraticable. » Desplanches reste confus en en parlant. Je fais dans ma tête un effort de clarification et je dis : « Votre père fonctionne à côté. »

Desplanches répond que c'est là le mode de fonctionnement général de celui-ci. Il est à côté de la plaque. En même temps il a toujours besoin de quelqu'un à côté de lui. Pour loger Desplanches, sa femme et leurs enfants, il a acheté une maison attenante à la sienne et il a percé le mur mitoyen pour permettre un passage direct. Il a pris sa retraite mais il a gardé son bureau dans l'entreprise où il travaillait. La mère de Desplanches exerçait aussi une activité professionnelle à l'extérieur. Desplanches avait été élevé par une cousine de la mère, veuve sans enfants, recueillie après le décès de son mari. Elle logeait dans une bâtisse à part, qui jouxtait le corps principal d'habitation. Desplanches dormait dans sa chambre, son lit jouxtait le sien. Les repas étaient pris en commun chez les parents de Desplanches.

Ainsi tout un système se dévoile. Ou plutôt non, ce n'est pas un système, c'est un ensemble par juxtaposition des parties, analogue à des objets fractals. Desplanches est prisonnier d'un penser par assemblage, par amalgame ; il lui est interdit de passer à une pensée par structuration, qui peut seule constituer un système. Cet *insight* opère dans la relation transfert/contre-transfert. Je n'interprétais pas vraiment : je procédais par rapprochement – comme le père qui tenait son fils rapproché de lui et s'opposait à toute prise de distance de celui-ci. Desplanches répétait avec moi l'expérience de la contiguïté, il l'induisait en moi, je me laissais modeler par elle, il me mettait à la place où son père le mettait. Je collais des remarques bout à bout, comme son père avec ses planches. Il avait des raisons d'être mécontent de moi, d'autant plus que j'annonçais la couleur pour le préparer à mes interprétations : « Je vais vous faire un rapprochement... » : ce que son père n'arrêtait pas de faire à son égard et ce qui ne pouvait qu'indisposer Desplanches. De plus, ma formulation était équivoque ; elle contenait une invite inconsciente homosexuelle. L'interprétation en termes œdipiens (la rivalité père/fils) était exacte mais incomplète. Il me fallait prendre en considération une activité du penser par collage/montage, où dominaient les associations par contiguïté, alors que je supposais chez cet homme intelligent, diplômé de l'Université, professionnel estimé, un fonctionnement par structuration logique plus évolué, projetant en lui sinon mon propre fonctionnement réel, du moins le fonctionnement idéal à mes yeux.

À la séance suivante, Desplanches rapporte un rêve. Son père lui achète une R.5 d'occasion. Le véhicule est en mauvais état. Le père arrive avec un tas de pièces détachées, de morceaux pris à d'autres voitures destinées à la casse. Il laisse le tout à son fils : à lui de se débrouiller pour remonter la nouvelle voiture. La scène se passe dans une grande salle carrée, avec un carrelage, comme le local où Desplanches va faire de la gymnastique avec ses enfants, et qui est équipé d'un trempoline et d'un tatami de judo. Dans le rêve, le père et le fils se disputent, ils se jettent des carreaux à la tête.

Le rêve symbolise le transfert négatif : j'ai analysé le mode de penser de Desplanches, je l'ai démonté, mis en morceaux, et je laisse mon patient se débrouiller tout seul avec ceux-ci pour faire une synthèse. Je lui ai montré qu'il pense par juxtaposition de carreaux semblables. Il m'affronte sur le tatami du rêve, il saute plus haut que moi, il me lance à la figure les carreaux dont j'ai dévoilé et défait l'agencement. Le rêve exprime un avertissement, de me tenir à carreau, et une menace, celle de me laisser sur le carreau.

Desplanches prend conscience de son transfert négatif. Je lui précise en outre le type de résistance au changement qui s'instaure en lui. Je dérange son équilibre en mettant à jour son mode de penser par collage et en l'incitant implicitement à l'abandonner. Il reste attaché au type de fonctionnement le plus familier et le plus facile, même si les résultats en sont médiocres.

La prise de conscience de la pensée syncrétique de son père amène Desplanches à prendre conscience de son attitude professionnelle. Il ne dirige pas vraiment son équipe. Il fixe une ligne à ses collaborateurs et leur fait confiance pour qu'ils s'organisent en conséquence – ce qui ne va pas de soi. Il découvre la nécessité de s'occuper lui-même de la répartition des tâches : passer de l'espace/collage à l'espace/structure.

Le rôle de la mère apparaît alors. Son sein généreux est excitant. Puis le sein se vide, devient flasque. Desplanches se contente d'avoir des idées excitantes. Il devient mou et brouillon quand il s'agit de les réaliser.

Desplanches résume ainsi un peu plus tard sa problématique : « Mes parents ont altéré mes processus de penser de trois façons. La première ressemblait à la vieille Noémie, la blanchisseuse. Le linge mouillé, savonné, frotté, elle le tordait pour exprimer l'eau. Je la contemplais fasciné. La seconde m'évoquait mon ami Paul, écrasé sous son tracteur, son corps presque aplati. La troisième me rappelait le jeu grisant et risqué des enfants aux balançoires : enrouler la corde sur elle-même et la laisser se dérouler brusquement : le monde tourbillonnait autour de moi. La torsion, l'aplatissement, le tourbillon : telles ont été les trois déformations de mes pensées. Un pseudo-remède : les patch-works tissés et retissés par ma nourrice. »

Desplanches exhibe sa souffrance. Puis il se reprend : « Mon professeur de philosophie m'a révélé le penser vrai le jour où, en réponse à mes plaintes, il m'a dit : Vivre c'est transformer ses blessures en projet d'avenir. J'ai compris qu'il me parlait de lui tout en parlant pour moi. »

## L'invention de l'alphabet : un système de correspondances

L'invention de l'alphabet a requis la découverte de deux différences, celle des signifiants vocaux et écrits et celle des voyelles et des consonnes. Cette dernière différenciation se serait opérée par un double étayage : technique (les différences de sonorité produites par la flûte selon la disposition des trous) et religieux (l'alphabet est un secret sacré conservé par les prêtresses de la lune, ou Parques). Ce secret est en rapport avec le mystère de la longueur de la vie humaine et résulte d'un effort de symbolisation exceptionnel pour articuler temps céleste (lui-même composé de deux cycles difficiles à articuler ensemble, lunaire et solaire), temps terrestre (le cycle de la végétation) et temps humain.

Alphabet oral et musique, alphabet écrit, calendrier et classification botanique ont été étroitement associés en Méditerranée orientale ancienne.

Les cinq voyelles *A, E, I, O, U* et les deux consonnes *B, T* ont été inventées par les trois Parques, ou Moires (c'est-à-dire quartiers car celles-ci correspondent aux trois quartiers de la lune : jeune lune, pleine lune, vieille lune). Complétées par le *O* long (oméga ≠ omicron) et le *E* bref (epsilon ≠ êta), les voyelles correspondent aux sons des sept cordes de la lyre (inventée par Apollon ; *cf.* sa lutte avec Marsyas le flûtiste). On peut supposer que le chant a servi de médiateur entre la musique et l'alphabet sonore.

La conversion des sons en lettres en forme de coins (aboutissant à la première écriture, cunéiforme) dériverait de l'observation du vol triangulaire des grues ou des ibis. L'opération essentielle a dû être le retournement des angles du triangle et l'emboîtement de deux triangles en un carré.

L'écriture fut perfectionnée :

- en se servant des phalanges des doigts (*cf.* les Dactyles) pour représenter les lettres (prémisses d'un langage des sourds-muets) : chacun des dix doigts recevant un nom correspondant à sa fonction sacrée, magique ou sexuelle (le médium, appelé *digita impudica*) ; main droite et main gauche correspondaient respectivement aux Dactyles mâles – forgerons – et femelles – magiciennes ; à chaque phalange correspondait une lettre de l'alphabet ;
- en utilisant des morceaux de branches d'arbres (la diversité des articulations des branchages est plus grande que celle des angles des triangles) : les lettres avant d'être des caractères écrits étaient des petites branches, dont chaque configuration correspondait à une consonne (c'était l'alphabet gardé secret par les prêtresses de la lune ou Parques, le secret du passage d'une forme naturelle à un schème abstrait ou pictogramme). Je suppose qu'il s'agissait de branches à feuilles, qui facilitaient l'identification de la variété d'arbre (la partie pour le tout).

Le progrès suivant correspond au développement de la métaphore végétale (ou plutôt de la métonymie) et à la combinaison du calendrier avec la classification botanique. À chacun des treize mois lunaires (de vingt-huit jours) furent affectées une des treize consonnes et une variété d'arbre (correspondant métaphoriquement ou métonymiquement à la période de l'année en question ; ladite année commençait deux jours après le solstice d'hiver, c'est-à-dire le 24 décembre de notre calendrier). Par exemple, la vigne était affectée au mois de septembre, mois des vendanges.

| | | |
|---|---|---|
| 1-24 décembre | *B* | bouleau ou olivier |
| 2-21 janvier | *L* | sorbier |
| 3-18 février | *N* | fresne |
| 4-18 mars | *F* | aulne ou cornouiller |
| 5-15 avril | *S* | saule ; SS (Z) épine noire |
| 6-13 mai | *H* | aubépine ou poirier sauvage |
| 7-10 juin | *D* | chêne ou térébinthe |
| 8-8 juillet | *T* | houx ou chêne épineux |
| 9-5 août | *C* | noyer ; CC (Q) pommier sorbier ou cognassier |
| 6-2 septembre | *M* | vigne |
| 11-30 septembre | *G* | lierre |
| 12-28 octobre | *Ng* ou *Gn* | roseau ou boule de neige |
| 13-25 novembre | *R* | sureau ou myrte [1] |

*Les treize mois, les treize consonnes et les arbres.*

La division de l'année en mois fournissait la table des consonnes ; en trimestres celle des voyelles. Chaque trimestre était ponctué par une des cinq voyelles, le passage du dernier trimestre au premier requérant deux voyelles pour transformer un temps longitudinal, arborescent, en temps cyclique, celui de la lune, du soleil et des saisons, et pour articuler consonnes et voyelles. Nouveau retournement, celui de la fin sur le début : mort et résurrection. Les voyelles correspondaient aux deux solstices d'été (*U*, bruyère) et d'hiver (*I*, if, arbre de la mort, et *A*, sapin ou palmier, arbre de la naissance) [2]. Il y avait ainsi par ce doublage renforcement de la liaison à un point fragile du système. Des problèmes intellectuels graves se posaient en effet aux points de fractures, aux lignes de failles, handicapant les correspon-

1. D'après R. Graves, *Les mythes grecs*, 1958, trad. fr. 1967, Fayard, p. 152. Il convient de noter que les mois de l'année ont été, sous la Révolution française, nommés d'après les saisons et la végétation correspondantes.

2. *Cf.* Démétrios, *Traité de style*, premier siècle av. J.-C. : « En Égypte, les prêtres chantent des hymnes aux dieux en proférant sept voyelles successivements et leurs sonorités produisaient sur les auditeurs une impression aussi forte que celle que provoquaient la flûte et la lyre. » (R. Graves, *op. cit.*, p. 153.)

dances entre systèmes classificatoires. Un mythe ou un rite était alors inventé (retour de la pensée cognitive à la pensée fantasmatique).

Comment faire coïncider l'année humaine avec l'année solaire ? Par le mythe de l'union de la Lune et du Soleil et par le rite du mariage de la prêtresse de la Lune avec le roi Soleil.

L'année solaire (364 jours *un quart*, ou cinquante-deux semaines, c'est-à-dire douze de nos mois d'une longueur irrégulière) était constituée de treize mois lunaires de vingt-huit jours (soit 364 jours). Ce cycle de l'année lunaire fut ponctué par des courses à pied annuelles de jeunes filles, candidates pour devenir prêtresses de la lune, puis par des courses à pied annuelles de jeunes gens en vue d'obtenir le dangereux privilège de devenir le consort de la prêtresse, c'est-à-dire le Soleil pour la Lune. Puis ces deux épreuves eurent lieu, toujours séparément, tous les quatre ans.

Le retard annuel d'un quart de jour du calendrier lunaire sur le calendrier solaire requérait en effet d'être comblé par l'adjonction d'un jour tous les quatre ans, ce qui correspondait à la tenue des Jeux olympiques.

Le vainqueur de la course masculine recevait d'une part le titre de roi sacré au moment de son mariage avec la nouvelle prêtresse, la gagnante de la course féminine, et d'autre part, après la course, un lit de feuillage vert et une branche d'olivier sauvage, arbre du mois de décembre, le premier mois de l'année, mois de la résurrection : ce prix équivalait à une promesse d'immortalité lorsque le roi serait, selon le rite, tué par son successeur. Selon certaines variantes, le vainqueur recevait une couronne de myrte, plante à la signification ambiguë, par ses deux sens opposés : un sens d'Éros par son feuillage toujours vert, ses fleurs blanches odorantes qui servaient à parfumer le vin, ses longues feuilles creuses imitant la fente et les lèvres de la vulve ; un sens de Thanatos, le myrte correspondant au mois de novembre, le mois de la mort de l'année, arbrisseau aussi répandu que l'if ou le pin dans les cimetières marins du pourtour de la Méditerranée.

Il faut noter que les Grecs associaient plutôt le myrte à la mort et les Romains à Vénus.

À l'origine, la course olympique s'achevait en une épreuve de lutte entre le nouveau vainqueur et le roi régnant, voué à être mis à mort et à ressusciter parmi les Immortels. Par la suite la lutte devint symbolique. Au lieu de prendre place tous les ans, puis tous les quatre ans, l'épreuve fut reportée à la fin de la Grande Année de huit ans solaires, substituée à l'année unique et comprenant deux Olympiades de quatre ans chacune, soit environ cent mois humains, et commençant au solstice d'hiver où Lune et Soleil occupaient une position favorable à leur mariage. Le roi et son taniste (son double, son rival) régnaient soit simultanément soit à tour de rôle. Signe que l'opposition des deux calendriers n'était plus mortelle. Le conflit était d'abord résolu par un passage à l'acte (le rite), puis amené à des degrés de plus en plus symboliques (le récit mythique), enfin résolu par une dramatisation cathartique (la tragédie). La coexistence de deux êtres ou termes opposés pouvait alors être admise.

Une fois le système de l'alphabet inventé, il possédait un équilibre quasi-stationnaire qui lui permettait de supporter des changements de détail sans être modifié dans sa structure : changement dans la variété d'arbres, dans le nombre et l'ordre des lettres de l'alphabet (l'ordre alpha-bêta serait une ruse des marchands pour dissimuler le véritable ordre secret).

## *Fonction 6*

# INDIVIDUATION

### *Énoncé principiel*

LE SENTIMENT D'EXISTENCE COMME MOI-CORPS REPOSE SUR DES FANTASMES DE PEAU COMMUNE DU TOUT-PETIT AVEC LA MÈRE ET/OU L'ENTOURAGE MATERNANT ET SUR CELUI D'ARRACHAGE DE CETTE PEAU.

LE SENTIMENT D'IDENTITÉ DU MOI REPOSE SUR LA RECONNAISSANCE DE L'IMAGE AU MIROIR ET DU NOM ET SUR LE CONSTAT DE SA PROPRE ALTÉRITÉ INTERNE.

LE SENTIMENT DE COHÉRENCE DU PENSER REPOSE SUR L'ACQUISITION DES CATÉGORIES LOGIQUES ET SUR LE DOUBLE CLIVAGE DU MOI EN MOI-RÉALITÉ INTERNE ET MOI-RÉALITÉ EXTERNE D'UNE PART, DU MOI-PLAISIR ET DU MOI-RÉALITÉ D'AUTRE PART. UN CONFLIT IMPORTANT OPPOSE LE MOI-RÉALITÉ EXTERNE, POUR QUI L'INDIVIDUATION EST UNITÉ DANS LA DIVERSITÉ, ET LE MOI-RÉALITÉ INTERNE, POUR QUI L'INDIVIDUATION EST UNITÉ IMAGINAIRE CLIVÉE.

### *Commentaires*

## Le cas Lucerne

J'appellerai Lucerne cette patiente qui m'évoque, sous le confort apparent d'une villégiature suisse, les drames des stagiaires réunis là en quête de leur identité. La cure de Lucerne illustre le dépouillement de la peau fantasmée commune à l'enfant et à sa mère et l'acquisition douloureuse d'un moi-peau individuel et singulier.

Lucerne a suivi une psychanalyse adlérienne puis des sessions de groupes de bio-énergie. Elle y a trouvé des réconforts importants mais provisoires. Elle a divorcé, changé de carrière, mais reste habitée par une incertitude profonde qui la conduit à me consulter. Les premières séances mettent en évidence des angoisses, des pertes de repères spatiaux et temporels, la fluctuation de l'espace psychique et aboutissent à une meilleure structuration du soi et du moi. La dépendance au corps de la mère et à l'inorganisation de l'espace de penser de celle-ci est rendu conscient, ainsi que l'identification fusionnelle qu'elle a toujours imposée à sa fille. L'évolution est rapide, joyeuse. Le travail d'analyse explore successivement les domaines – sexuels, intellectuels, sociaux – où se manifeste l'emprise insidieuse de la discontinuité et des contradictions du cours des pensées maternelles. Puis l'arrachement à cette emprise devient pénible et douloureux. Lucerne se sent non pas déprimée mais à la limite d'être dépersonnalisée. Sa vie, qui redémarrait bien, l'affronte à de sérieuses difficultés, son appartement est abîmé par une explosion de gaz survenue chez son voisin et doit être refait. L'ami dont elle avait fait connaissance à la reprise de l'analyse avec moi décide de la quitter. La santé de sa mère et celle de son fils sont source de soucis : elle se sent très seule pour y faire face.

Survient un rêve, bref et éloquent. Elle se déshabille dans son cabinet de toilette et se regarde dans la glace. Elle voit sa peau qui s'en va par plaques. C'est effrayant. Elle sent sur elle les morceaux qui se détachent. Elle rapporte ce rêve dans un état de grande anxiété. Elle met en doute l'utilité de la psychanalyse. Celle-ci lui fait finalement du mal au moment où elle se mettait à en espérer du bien.

J'interprète la prise d'indépendance de son moi par rapport au fonctionnement psychique de sa mère. Son moi-corps – pour reprendre l'expression de Freud (1923) dans *Le Moi et le Ça* – se détache de la peau maternelle à laquelle la mère exigeait que Lucerne restât collée. Lucerne fait place nette pour que lui pousse un moi-peau personnel. Elle va muer. Effectivement, me confie Lucerne, dans le rêve, la nouvelle peau commence d'apparaître sous l'ancienne. J'explique à Lucerne qu'elle passe – enfin – de l'adolescence à la maturité. Elle l'admet mais se plaint de l'état intérieur horrible où ce changement la met. Elle ne se reconnaît plus. Elle perd sa personnalité ancienne, assurément désagréable et nocive, mais familière et préférable à ne rien avoir. Dès lors Lucerne, au lieu d'être prise dans le système de penser maternel, acquiert la capacité de se le représenter, de s'en distancier et de voir comment sa mère retient en elle chacun des membres de la famille comme des membres d'un même corps. Le fantasme d'une partie de la peau commune s'élargit en fantasme d'un membre, d'un organe commun, qui devient l'organisateur du groupe familial.

## Le penser personnel ?

Qu'est-ce qu'un *penser personnel* ? Comment y arrive-t-on ? Quel rapport avec le sentiment d'individualité ? Les apories de la notion d'individu sont nombreuses si on considère l'individu comme un élément simple. L'individualité est-elle pensable ? Est-ce une notion limite, à la limite de l'impensable ? Et si on la juge pensable, selon quelles catégories la penser ? À moins que l'individualité ne soit du registre non pas du pensable mais du pensant, que son acquisition par l'esprit humain ne parachève l'instauration du penser ? Rien de plus général que les pensées, rien de plus individuel que le penser ?

*Individu* a en latin la même étymologie qu'*atome* en grec : c'est l'indivisible, l'insécable, l'indécomposable en éléments plus simples, en particules plus… « élémentaires ». La définition change de sens avec le point de vue adopté par l'énonciateur : point de vue du signifié ou point de vue du référent ? Est-ce une définition de mot (c'est-à-dire se rapportant au sens du concept, au signifié) et dénotant alors une limite supérieure de la connaissance ? Est-ce une définition de choses (c'est-à-dire se rapportant au référent) et dénotant une limite inférieure de la réalité ? Dans le premier cas, « individuel » formerait un couple de contraires par complémentarié avec « général », au sens où Aristote a décrété qu'il n'y a de science que du général (mais comment rendre compte de l'existence de la psychologie, de la psychanalyse ?). Dans le second cas, l'individualité serait le fait simple, contraire par antonymie de combinaisons complexes ; ce serait l'unité de base supposée présente dans tous les comportements humains qui l'englobent, l'infrastructure sur laquelle s'appuiraient toutes les superstructures psychiques. Mais y a-t-il rien de plus complexe que l'individualité humaine, de plus construit, de plus fragile ?

La notion d'individu est-elle même un concept ? Si elle est une propriété commune à tous les individus, en quoi se distinguent-ils entre eux ? Ici la relation se joue entre identité et altérité : mon individualité, c'est ma différence d'avec autrui. Opposition contraire qui est une contrariété par réciprocité : l'autre se définit en symétrie inversée de moi comme le même que lui-même et comme autre que moi. Si l'individualité connote le sentiment qu'a un être d'être un être unique, c'est un sentiment, ce n'est pas un concept. Au pire, c'est une erreur (l'individu recherche son individualité entre être banal et être exceptionnel, c'est-à-dire entre termes incompatibles) ou une tautologie par synonymie (l'individu est un être qui est reconnu par les autres individus comme un individu... ou qui le croit et le fait croire).

L'individu, l'atome sont insécables. Certes il peut leur arriver d'être fragmentés, mais au prix d'une dépense d'énergie considérable et dangereuse (l'explosion de l'atome par fission) et/ou au risque d'un changement catastrophique (l'effondrement du moi par clivage et projection, le dédoublement de personnalité, les sentiments d'étrangeté, de dépersonnalisation). Le moi ainsi menacé développe, pour contrebalancer ces dangers, un processus d'idéalisation du soi, de sa propre individualité. L'individu relève plus de la catégorie de l'idéal que de celle du réel. Mais de quel idéal ? Du narcissisme omnipotent du moi idéal ? L'individualisme est alors considéré comme une perversion de l'individualité. Celle-ci est-elle le produit d'un travail de sublimation effectué par le moi sous l'inspiration de l'idéal du moi ? On préfère alors changer de terme et parler de personnalité, de valeur personnelle. Les sciences sociales tendent à réifier l'opposition par complémentarité individu/groupe, individualité/socialité. La psychanalyse la minimise, voire la conteste : l'identification est le tronc commun à l'individu et au social : l'appareil mental est un groupe interne dont les instances forment en quelque sorte des membres ; les institutions tirent leur vitalité des projections du moi, du surmoi, de l'idéal du moi. Le psychique est dans le social ; le social est dans le psychique, par inclusion réciproque dont le prototype est l'inclusion des psychismes de la mère et de l'enfant, redoublés par leur inclusion dans l'appareil mental commun au couple et au groupe familial.

Comment échapper à ces difficultés épistémologiques ? La biologie cellulaire et la physique des particules suggèrent des sorties possibles. Le Soi cellulaire assurerait la fonction immunologique de reconnaissance de la différence entre le semblable (qu'on peut laisser s'approcher) et l'étranger (dangereux). L'atome se décompose en un noyau central dur et un mouvement de particules gravitant autour du noyau. Voici donc l'ébauche d'un modèle de l'individualité. Celle-ci ne saurait, malgré sa caractéristique de simplicité élémentaire, s'expliquer par un seul élément. Elle en requiert deux, l'écorce et le noyau, la surface et l'intérieur, la peau et le squelette, la chair et les viscères, le fruit et sa coquille. L'individualité serait ainsi un phénomène universel du vivant. L'individualité humaine articule un noyau solide de consistance qui lui apporte son unité, sa cohésivité, et une enveloppe malléable, contenante et sensible aux différences : l'écorce et le noyau pour reprendre l'expression de N. Abraham et M. Torok (1978). Le noyau sans l'écorce, c'est l'autisme primaire. La coquille sans le noyau, c'est l'autisme secondaire. En résumé il y a :

- un noyau, qui peut être en position centrale, latérale, périphérique, voire excentrique ;
- une écorce, c'est-à-dire une enveloppe ou plus précisément un emboîtement d'enveloppes qui peut être souple et laisser du jeu, ou ferme, ou durci et friable, ou troué ;
- un système intermédiaire de relations entre l'écorce et le noyau : conjonction/disjonction ; fixité/mobilité ; programmation des échanges entre le dedans et le dehors de l'individu ; différenciation du semblable et de l'étranger.

D'où découlent trois types de pathologies :

- pathologie du noyau : mou, visqueux, liquide ou dur mais fragmenté ;
- pathologie de l'écorce : antagonisme de la surface d'excitation et de la surface d'inscription ;
- pathologie de l'interaction écorce/noyau : indifférenciation, interversion, vidage.

Revenons à l'élément supposé simple, insécable, disponible pour de multiples combinaisons. Dans la partie pensante de la psyché, cet élément, c'est le concept. Il n'y a pas un concept d'individu. C'est le concept qui est le matériau individuel, indivisible, élémentaire, indéfiniment combinable du penser.

## Le noyau

C'est couché que je prends conscience de mon *noyau*. Sa présence est suffisante pour me maintenir immobile, détendu : au réveil je me sentirai reposé. Mais un noyau d'angoisse réfractaire subsiste, irréductible à mes explications, à mes associations. Le siège du Je est non plus mon cerveau mais mon plexus : ma conscience se localise tout entière dans ce nœud, dans ce nid. Une conscience solaire, si bien qualifiée, rayonne de mon plexus dans tout mon corps, volcan d'angoisse soudain en activité dont les laves me brûlent et me glacent. Localisation aiguë mais difficile à préciser. L'expérience m'a appris à distinguer les angoisses latérales : l'avidité frustrée qui crispe l'œsophage, la haine qui pince le cœur, la violence réprimée qui contracte les muscles de ma nuque et de mes omoplates, les refus rentrés qui rendent douloureux mes intestins, la peur d'une mort brutale qui inverse la poussée d'un de mes réacteurs tandis que l'autre poumon s'oppose à l'expulsion de l'air – j'étouffe, je hoquette, je trouve l'expiration (quel mot !) en hurlant à la mort. Non, il s'agit de mon angoisse centrale, existentielle ; ce n'est ni l'aigreur corrosive de l'estomac, ni le ballonnement explosif de mes tripes. Je la situerais à l'arrière-nombril, là où mon cordon avec ma génitrice fut coupé et fermé. Pensée fortement imagée qui n'arrange pas mon aspiration au repos.

Protéger ce nombril par où la vie a coulé en moi. Poser sur lui ma main droite, celle des engagements, des écritures, des fidélités. La recouvrir de l'autre main pour l'empêcher de glisser, pour mieux conserver la chaleur. Tel un gisant de marbre en prière pour l'éternité.

Je prie donc. Vieux réflexe retrouvé de mon enfance religieuse. Père, ayez pitié de moi. Je ne m'adressais jamais à la Vierge. C'est à mon père seul qu'allaient mes prières. Écartez de moi ce calice d'amertume. Ne m'abandonnez pas à la solitude du supplice. Épongez mes sueurs de sang. Non, depuis longtemps je ne prie plus. À la place, une consolation laïque me vient à l'esprit : je paie la part du feu. Mon angoisse prélève sa dîme sur mes succès, sa TVA sur mes moments de bonheur.

Détente immédiate. La douleur disparaît presque. En tout cas elle ne diffuse plus. Les pensées arrêtent leur intrusion, leur sarabande. Je, à nouveau, pense. Je pense à prendre le petit coussin placé par terre hier soir contre le bois du lit. Ma main obéit. Elle dépose précieusement ce bébé en peluche sur mon ventre. Coussin-tampon contre les agressions extérieures. Mon abdomen (j'ai failli écrire mon abdolmen) devient une espèce protégée. Je suis le bébé et sa mère qui font un. Je ne me rendors pas. Je suis calme, heureux. J'ai payé. Je pense à cette page que j'écrirai dans une heure.

## Une personnalité équivoque

Ce patient a été prénommé Hubert-Denis. Plus exactement, ce double prénom résulte d'une divergence entre ses parents. Sa mère avait choisi Denis, appellation dont le père, partisan de Hubert, ne voulait pas. L'accord se fit sur un troc. L'enfant recevrait les deux prénoms reliés par un trait d'union. Il s'appellerait et on l'appellerait Hubert-Denis. La réalité s'avéra plus complexe. La mère, par économie, réduisit le prénom Hubert-Denis à Hubert – prénom dont elle n'avait pas voulu à l'origine. Le père se moquait de l'enfant en jouant du double prénom comme d'un double sens. « C'est Hubert que j'appelle et c'est Denis qui vient », disait-il. Ou encore : « Denis, va me chercher Hubert », etc.

La psychanalyse mobilisa un transfert particulier de dédoublement qui entraîna un contre-transfert dédoublé. L'analyste était vécu tantôt comme une mère rejetante (Hubert-Denis déployant des trésors d'attentions pour obtenir des marques d'attention de sa part), tantôt comme un père qui le ridiculisait.

## Rêves rapportés à un groupe par une boulimique (*B*) et une anorexique (*A*)

*B* — J'ai rêvé cette nuit que je devenais grosse de notre groupe. J'étais une tête-ventre, d'un seul bloc, sans trait d'union.

*A* — Comment avons-nous été conçus ?

*B* — Par concentration sur moi-même et par scissions successives.

*A* — C'est… inconcevable.

*B* — De chacun de nous mon ventre engendrait une forme et ma tête se faisait de ces formes une idée. Ma tête-ventre se gonflait, vous contenait, respirait, se rétractait. Des filaments faisaient avancer ma sphère par leurs vibrations.

*A* — Avancer où ?

*B* — Il n'y avait pas encore de monde extérieur. Des boursoufflures apparaissaient à ma surface. Une tête émergeait, un bec s'ouvrait, avide de mots autant que d'aliments. Le corps de chaque oiseau restait fusionné dans la masse ronde de ma chair.

*A* — Que faisais-tu ?

*B* — J'écoutais le silence de ces becs impuissants à émettre des cris. Vous étiez des pensées qui tentaient de naître. Des colombes d'une blancheur virginale, des idées que personne n'avait encore caressées.

*A* — J'ai rêvé, moi aussi. C'était tout le contraire. Des colombes intrépides et affamées pénétraient avec la lumière par ma fenêtre ouverte et picoraient la substance de mon cerveau. J'en ai encore la tête vide…

Dans la suite de la discussion, *A* se plaint pour la énième fois de son besoin de remâcher la nourriture puis de la recracher. Elle ajoute un détail qui a son importance : tant qu'elle mastique, elle pense. Sa pensée s'arrête quand elle crache les aliments. Me vient l'idée suivante que je note : l'obsessionnel pense avec son anus : il trouve là le « fondement » de sa pensée ; l'hystérique pense avec sa bouche. Tout humain pense d'abord avec sa peau, la question étant de savoir si c'est avec la sienne ou avec la peau d'un ou d'une autre.

## Fonction 7

# ÉNERGISATION : LA RECHARGE LIBIDINALE

### Énoncé principiel

LA PEAU (INCLUANT LE DERME) CONTRIBUE AU MAINTIEN DE LA TONICITÉ CORPORELLE ET AU CONTRÔLE DES OSCILLATIONS RYTHMIQUES DE CELLE-CI. LE MOI RECHERCHE LA SYNTONIE ENVERS L'ENTOURAGE ET ENVERS LES AUTRES INSTANCES PSYCHIQUES ET L'ALTERNE AVEC LE RELÂCHEMENT. LE PENSER DONNE DE LA FORCE AUX PENSÉES ET PAR CONTRE-COUP FORTIFIE LE MOI ; INVERSEMENT, L'EFFORT INTELLECTUEL A UN COÛT ÉNERGÉTIQUE ÉLEVÉ.

### Commentaires

## Le cas Midas

Je parlerai d'un patient sous le pseudonyme de *Midas* [1], non seulement pour son signifié (le roi de Phrygie, Midas, avait de grandes oreilles), mais aussi pour son signifiant (Midas, c'est la « moitié » d'un as). Midas, le héros mythologique, faisait partie du jury chargé d'arbitrer la querelle entre Marsyas et Apollon, à qui produirait la plus belle musique, le premier avec la flûte, le second avec la lyre. Seul Midas avait osé voter pour son compatriote Marsyas, puis protester contre l'injustice du verdict. Mécontent, le dieu à la lyre avait fait pousser à Midas des oreilles d'âne. Puis il avait écorché vif le téméraire Marsyas : première représentation connue du moi-peau.

Quant au demi-as, il évoque un soir d'été où son père avait emmené pour la première fois au casino mon futur patient pour miser quelques francs à la boule. Au moment où Midas s'approche du tapis vert, il entend le croupier annoncer : « L'as, le numéro un. » Son esprit a vacillé : il a cru qu'on parlait de lui avant de comprendre que le croupier annonçait le résultat du jeu.

Voilà le récit qu'il me rapporte au cours d'une séance. La veille, sa journée a été bien remplie. Le soir, il sombre dans un sommeil qu'il pense devoir être heureux. Il se réveille trois heures après sans raison apparente, il n'arrive pas à se rendormir. Il a beau passer en revue les événements agréables de la veille et ceux attendus du lendemain – technique d'appropriation des bons objets très utile à la préservation

1. Je reprends ici un passage de mon article « Une approche psychanalytique du travail de penser », *Journal de la psychanalyse de l'enfant*, n° 15, 1993, p. 134-166.

du repos –, il ne retrouve pas le sommeil. Midas décide de ne plus penser à sa vie actuelle et de se mettre à l'écoute de son enfance. Une rumeur remonte alors dans son esprit. La rumeur qui court dans sa petite ville natale, où le père de Midas et une femme qui n'est pas la sienne vivent ensemble une cohabitation « immorale ». Midas avec ses grandes oreilles entend ce qui se chuchote. Ce n'est pas par hasard si son air favori est celui de la calomnie, dans *Le barbier de Séville*. Midas comprend qu'il a, enfant, relevé le défi de l'opprobre et de la honte en devenant travailleur, actif, dynamique. Les familles bourgeoises le montraient en exemple à leur descendance nonchalante.

Un autre souvenir lui revient au cours de la même nuit : jeune homme, il rejoint en courant un groupe d'amis sur la plage. « Je pète le feu », commente-t-il. La réplique du petit Nicolas est – dit-il – restée dans les mémoires des personnes présentes : « Montre. » La vérité sort de la bouche de l'enfant, qui désigne ce qu'au long de sa vie Midas s'est efforcé de démontrer. Le père et sa concubine ressentent la honte de leur situation illégitime ; mais ils sont fiers de Midas et il est fier d'eux, de leurs origines modestes, de leurs existences méritantes. Il se voit comme l'enfant de leur couple. Il est riche de leurs attentes ; ses succès les paient des malheurs que chacun de son côté a connus. Au fur et à mesure des rapprochements qu'il réussit à établir, il retrouve l'élan d'une force qui le pousse, le remplit, le projette. Une force fourchue qui lui commande d'agir à son avantage en même temps que pour l'honneur des siens. Cette découverte d'un sens évident si longtemps méconnu le remplit d'un regain d'énergie. En l'écoutant, un mythe grec se présente à mon esprit. Lorsque Antée, un géant, faiblissait au cours d'une lutte, il se couchait sur la terre – la terre-mère de tous les géants ; il retrouvait aussitôt sa vigueur.

Penser ne nous apporte pas seulement du travail, du plaisir, de l'angoisse. Penser redonne à notre psychisme de la force.

# Fonction 8

# SEXUALISATION

## Énoncé principiel

IL Y A CONTINUITÉ ENTRE LES PLAISIRS AUTO-ÉROTIQUES DE LA PEAU, LES PLAISIRS NARCISSIQUES DU MOI, LES PLAISIRS INTELLECTUELS DU PENSER. S'Y OPPOSENT LES IRRITATIONS ÉPIDERMIQUES, LES BLESSURES NARCISSIQUES, LES ATTAQUES CONTRE LES CONTENANTS DE PENSER. D'OÙ LES ALTERNANCES : ÉTREINDRE OU ÉTEINDRE LA PENSÉE, SOUFFRIR OU JOUIR DE PENSER, SE REGARDER PENSER AVEC HONTE OU ADMIRATION.

## Commentaires

### Le cas Érasme

Par cette alchimie secrète qui permet aux inconscients de communiquer entre eux, Érasme fait involontairement écho aux réflexions que j'entreprends ici même d'écrire.

*Érasme* – « Depuis hier, je me dis qu'il est permis d'être un peu fou. C'est fou de penser cela. C'est la première fois que cela m'arrive en séance. D'habitude, je pense à ma mère, à ma grand-mère, à ma femme, à ma fille. Cette fois, je me vois penser. C'est étrange.

« Écolier, je consultais avidement les dictionnaires et les encyclopédies de ma mère… Ça lui servait de pensées, tandis que je m'en servais pour ne pas penser. En dehors de ces ouvrages et de ceux nécessaires à sa profession, elle ne lisait rien.

« Un de mes amis m'a parlé d'engrosser les idées : j'y ai beaucoup pensé.

« C'est mon père qui était fou. »

*Moi* – « Penser, c'est voir le père vivant dans la mère. »

*Érasme* – « Exactement. Il y a de la sexualité dans les idées, dans les mots, dans l'espace psychique. Penser, c'est donner de l'espace à l'esprit : un espace sexuel. Il y a un orgasme dans les pensées.

« J'ai un minitel. Je reste sans penser pendant plusieurs jours, sans penser à ce que je dois faire. Tout d'un coup, ça n'est plus possible de continuer ainsi. Je prends le minitel, je fais le code de ma banque, et je m'occupe de payer mes dettes.

« L'encyclopédie, c'est le code de ma mère. Le vendredi, je regardais une émission pour enfant à la télévision. Nous avions plus de temps ce soir-là de la semaine. Je lui racontais des bons mots que j'avais entendus. Elle écoutait. Ça ne la faisait jamais rire. Penser, c'est avoir peur de ma mère, peur de ce qu'elle va penser, peur qu'elle ne pense que je suis fou comme mon père. Me voir penser me donne un sentiment d'étrangeté. Il faut prendre du plaisir pour créer. »

Ainsi, Érasme se rend-il compte d'un sentiment qu'il ne m'a jamais dit, qu'il n'a jamais pu même penser, c'est qu'il a toujours eu peur, en me disant ses pensées, que je ne le prenne pour fou. Au risque complémentaire, mais encore inavouable, de me découvrir fou s'il écoute ce que je lui dis. Ainsi le transfert, caché pendant des années, se dévoile-t-il dans sa vérité douloureuse, dans son inquiétante nudité. C'est un moment d'apocalypse, de déchirement du leurre qui voilait la vérité de mon patient.

Au rendez-vous suivant, Érasme a oublié le contenu de la séance que je viens de résumer. Il remarque que, quand une séance se passe bien et qu'elle lui fait du bien, ce bien dure tant qu'il est en séance et disparaît dès qu'il rentre chez lui.

J'interprète que de retrouver en séance, par le souvenir, la présence de son père, lui fait, en un premier temps, du bien, puis que, l'analyste une fois quitté, le père une fois parti (ses parents s'étaient séparés), il lui fallait effacer, en un second temps, le souvenir de ses rencontres d'enfant avec le père, actuelles avec le psychanalyste. La mère ordonnait qu'Érasme ne pense plus ni à ces rencontres, ni à son père. Comme si elle lui disait : ton père est mort ; pour moi il est mort, donc il doit être mort pour toi, tu n'a plus à y penser.

Érasme a alors une remémoration. Lors de travaux importants effectués dans la maison natale après le divorce des parents, il avait été surpris par sa mère, dans une pièce pleine de gravats, en train de jouer à des jeux sexuels avec un garçon, un voisin plus âgé : ils se touchaient mutuellement.

Je propose à Érasme deux « rapprochements » sans me rendre compte tout de suite du double sens équivoque de ma phrase. D'une part, Érasme procède actuellement à des travaux dans son appartement ; il réorganise son espace physique et psychique. D'autre part, les gravats symbolisent les restes de souvenirs paternels qu'il peut retrouver et restaurer. Je l'amène à les « toucher du doigt » (on voit là comment le contre-transfert répond au transfert).

Érasme complète : « Dans ce jeu anal érotique avec un aîné, j'expérimentais le contact stimulant de la présence corporelle de mon père. »

De mon côté, je pense : « La mort est impensable. Il ne faut penser ni à la mort, ni aux morts. Il faut les effacer de l'existence, de la vie psychique. Ils sont morts à jamais pour nous. » Cette pensée, ou plutôt cette non-pensée de la mort me paraît avoir pour contrepartie le surinvestissement du plaisir amoureux et sexuel : on ne pense qu'à « ça ». Dans les deux cas, la mort, la sexualité, sont désignées comme des objets essentiels dans la pensée, alors qu'ils dévient, détournent l'activité du penser. Il est des pensées (en fait, des images) qui font d'autant plus obstacle au penser qu'elles se présentent fallacieusement comme des pensées.

Aux séances ultérieures, Érasme poursuit sa réflexion sur l'accès douloureux à la pensée :

« Mon souvenir de ma plus ancienne rencontre avec la pensée : une photo de mon père, la seule qui me reste de lui, où il lit avec grande attention le journal.

« Penser à l'autre, c'est entrer dans son esprit, s'y trouver en contact immédiat avec ses pensées, les lire avec la même évidence que si elles étaient miennes. Évidence réciproque de la transparence. Degré suprême de la pensée : la voyance, la claire voyance.

« Les contrecoups peuvent être terribles. Si je m'aventure sur les chemins côtiers d'une telle clairvoyance, au moment de l'extrême lucidité, une vague énorme se dresse le long de la plage et s'abat terrifiante sur moi.

« Aimer, c'est être plein de la pensée de l'autre, d'une pensée qui le laisse et me laisse libre.

« Je suis dans la même attitude quand je pense à la mort. C'est en acceptant l'échéance que je me sens libre de ma vie. »

## L'hypersexualisation du penser selon M. Klein

M. Klein (1957, p. 38-39) propose une explication convaincante de l'*hypersexualisation du penser* :

« Les sensations et les désirs génitaux peuvent entrer en action dès la naissance ; l'on sait par exemple que les petits garçons ont très tôt des érections. L'apparition précoce de ces sensations signifie que les tendances génitales viennent gêner les tendances orales à un stade où prédominent normalement les désirs oraux.

« Une génitalité qui ne serait qu'une fuite pour échapper à l'oralité est nécessairement mal affermie : elle se trouvera imprégnée de la méfiance et des déceptions liées à l'altération de la jouissance orale. Lorsque les tendances génitales viennent saper la primauté orale, elles rendent plus fragile la gratification de la sphère génitale et peuvent souvent être la cause de la masturbation compulsionnelle et de la promiscuité sexuelle. Le manque de jouissance primaire introduit des éléments compulsionnels dans les désirs génitaux et peut alors mener, comme j'ai pu le constater chez certains patients, à l'envahissement de toutes les activités, de tous les processus de pensée et des intérêts les plus divers par les sensations sexuelles. La fuite dans la génitalité constitue aussi, chez certains enfants, une défense contre le fait de haïr et d'endommager le premier objet à l'égard duquel ils éprouvent des sentiments ambivalents. L'installation prématurée de la génitalité peut être liée à l'apparition précoce de la culpabilité et représente l'un des éléments qui caractérisent la paranoïa et la schizophrénie. »

# CONCLUSION

Résumons ce que je pense être l'apport original de cet ouvrage. Penser c'est associer/séparer des pensées par des formes ou des mots selon des schèmes. Huit fonctions du moi-peau permettent une classification de ces schèmes en une liste ouverte à des rectifications et des compléments éventuels. Les schèmes gardent les traces de leur origine corporelle, traces qui contribuent à les doter d'un sentiment d'évidence propice aussi bien aux confusions et aux erreurs qu'aux innovations. Les schèmes peuvent se combiner ou s'opposer. Ils subissent des interférences en provenance des fantasmes et des imagos venus les renforcer ou les altérer : d'où la tendance, fréquente chez les analystes, à réduire à des fantasmes les processus sous-jacents à l'activité de penser. Celle-ci se déploie à des niveaux d'abstraction de plus en plus élevés : représentation, symbolisation, sémiotisation, formalisation, systématisation, et en des lieux psychiques – la peau psychique, le moi, la sphère des pensées – sur lesquels elle procède à des constructions/déconstructions. Le penser tend à cliver les deux activités principales de liaison et de séparation et à développer l'une au détriment de l'autre. Les philosophies de l'identique multiplient les liaisons, les ressemblances, les analogies, les correspondances. C'est par exemple la conception de l'être humain comme microcosme entretenant « une sympathie » avec l'univers. Au contraire, les philosophies tragiques ou sceptiques pensent les ruptures, la négativité, la perte, le vide, le non-être. Les recherches proprement scientifiques se dégagent difficilement de l'une ou de l'autre de ces tendances naturelles à l'esprit humain.

J'ai décrit ici plusieurs familles de schèmes : les schèmes de consistance, les schèmes d'enveloppe, les schèmes de contact, les schèmes d'inscription, les schèmes de transformation, les schèmes d'unité et de totalisation, les schèmes de singularité, les schèmes de recharge libidinale.

Me relisant, je crains de n'avoir pas assez mis en évidence deux points importants :

- j'aimerais dire en premier lieu combien c'est un moment émouvant pour le psychanalyste quand un patient accède à la possibilité de penser sur lui-même, sur les autres. Son économie psychique peut se réorganiser. Il gagne en souplesse et en plénitude. Il prend de la distance à l'égard de ses symptômes, de ses inhibitions. Il connaît le double sentiment de la liberté intérieure et de la nécessité extérieure ;
- en second lieu, une des difficultés majeures rencontrées dans la formation des psychanalystes est leur tendance égocentrique. Ils se représentent spontanément leur propre fonctionnement mental comme un modèle de normalité. Ils accusent le patient de n'avoir pas le même. Le psychanalyste arrive à accepter que ses patients ou ses collègues aient des fantasmes différents des siens. Mais pas un processus de pensée dissemblable. Un tel contre-transfert déborde sa neutralité bienveillante.

Pour terminer, je reviens à mon point de départ, à ce Port-Royal imaginaire dont la nostalgie m'a accompagné tout au long de la composition de mon ouvrage. Une rêverie éveillée me traverse l'esprit : tirer une pièce de théâtre de l'opuscule pascalien *De l'esprit géométrique* en faisant dialoguer l'esprit de géométrie et l'esprit de finesse, mieux que je n'y ai sans doute réussi dans mon livre.

# POUR PRENDRE CONGÉ

Le dépouillement, sans l'ascèse
La vérité, sans l'éloquence
La compréhension, sans le savoir
Le renoncement, sans la résignation
L'amour, sans la conjonction douloureuse de deux masochismes
Le vin vieux, dans des outres nouvelles
La joie, par grands moments
L'humilité de reconnaître sa misère mêlée aux vestiges de sa grandeur
La maîtrise des pensées, non des autres
L'esprit, avec la chair et le cœur
La pesanteur, avec la grâce
L'intrépidité, sans l'intempérance
La folie, sans son éloge
L'idée claire et distincte, sans la séparer du terroir de sensations confuses d'où elle prend corps.

# BIBLIOGRAPHIE

ABRAHAM N., TOROK M. (1978), *L'écorce et le noyau*, Paris, Flammarion.

ANZIEU D. (1975a), *L'auto-analyse de Freud et la découverte de la psychanalyse*, Paris, PUF.

ANZIEU D. (1975b), « Naissance du concept de vide chez Pascal », *Nouvelle revue de psychanalyse*, n° 11.

ANZIEU D. (1976), *Le groupe et l'inconscient*, Paris, Dunod.

ANZIEU D. (1980), « Du code et du corps mystiques et de leurs paradoxes », *Nouvelle revue de psychanalyse*, automne, n° 22.

ANZIEU D. (1981), *Le corps de l'œuvre*, Paris, Gallimard.

ANZIEU D. (1985), *Le moi-peau*, Paris, Dunod.

ANZIEU (1986a), « Cadre psychanalytique et enveloppes psychiques », *Journal de la psychanalyse de l'enfant*, n° 2, Paris, Le Centurion, p. 12-24.

ANZIEU D., (1986b), « Introduction à l'étude des fonctions du moi-peau dans le couple », *Gruppo*, n° 2, Paris, Apsygée, p. 75-81.

ANZIEU D. (1987), « Les signifiants formels et le moi-peau », *Les enveloppes psychiques*, Paris, Dunod, p. 1-22.

ANZIEU D. (1990), *L'épiderme nomade et la peau psychique*, Paris, Apsygée.

ANZIEU D. (1992), *Beckett et le psychanalyste*, Paris, Mentha Archimbaud ; rééd. Lausanne, L'Aire, 1994.

ANZIEU D. (1993), « La fonction contenante de la peau, du moi et de la pensé », *in* Anzieu D. et coll., *Les contenants de pensée*, Paris, Dunod.

ANZIEU D. et coll. (1987), *Les enveloppes psychiques*, Paris, Dunod.

ANZIEU D. et coll. (1993), *Les contenants de pensée*, Paris, Dunod.

ARISTOTE, *Organon* (diverses éditions).

ARISTOTE, *Politique* (diverses éditions).

ARNAULD A., NICOLE P. (1662), *La logique ou l'art de penser*, Paris, Gallimard, coll. « Tel », 1992.

AUGUSTIN saint (400), *Confessions* (diverses éditions).

AULAGNIER P. (1975), *La violence de l'interprétation*, Paris, PUF, nouv. éd. 1986.

AULAGNIER P. (1979), *Les destins du plaisir : aliénation, amour, passion*, Paris, PUF.

BALINT M. (1968), *Le défaut fondamental*, tr. fr., Paris, Payot, 1971.

BECKETT S. (1937), *Murphy*, Paris, Minuit.

BECKETT S. (1943), *Watt*, Paris, Minuit.

BECKETT S. (1951), *Molloy*, Paris, Minuit.

BECKETT S. (1951), *Malone meurt*, Paris, Minuit.

BECKETT S. (1952), *En attendant Godot*, Paris, Minuit.

BECKETT S. (1953), *L'Innommable*, Paris, Minuit.

BERGSON H. (1919), « L'effort intellectuel », *in L'énergie spirituelle*, Paris, PUF.

BETTELHEIM B. (1967), *La forteresse vide*, tr. fr., Paris, Gallimard, 1970.

BICK E. (1968), « L'expérience de la peau dans les relations d'objet précoces », tr. fr. *in* Meltzer D. et coll., *Exploration dans le monde de l'autisme*, Paris, Payot, 1975, p. 240-244.

BION W.R. (1962), *Aux sources de l'expérience*, tr. fr., Paris, PUF, 1979.

BION W.R. (1967), *Réflexion faite*, tr. fr., Paris, PUF, 1983.

BOTELLA C. et S. (1990), « La problématique de la régression formelle de la pensée et de l'hallucinatoire », « Monographies de la Revue française de psychanalyse », *La psychanalyse : Questions pour demain*, PUF, p. 63-90.

BOWLBY J. (1969), *Attachement et perte*, tome 1, *L'attachement*, tr. fr., Paris, PUF, 1978.

BRAZELTON T.B. (1982), « Le bébé : partenaire dans l'interaction », tr. fr., *in* Brazelton T.B. et coll., *La dynamique du nourrisson*, Paris, ESF, p. 11-27.

BREUER J., FREUD S. (1895), *Études sur l'hystérie*, trad. fr. A. Berman, PUF, coll. « Bibliothèque de psychanalyse », 1990.

CASTORIADIS-AULAGNIER (voir AULAGNIER P.)

CONDILLAC É. de (1754), *Traité des sensations*, Paris, Alcan.

DERRIDA J. (1967), *L'écriture et la différence*, Paris, Seuil.

DESCARTES R. (1637), « Discours de la méthode », *Œuvres philosophiques*, tome I, F. Alquié éd., Bordas, « Classiques Garnier », 1983.

DESCARTES R. (1641), « Méditations métaphysiques », *Œuvres philosophiques*, tome II, F. Alquié éd., Bordas, « Classiques Garnier », 1983.

ECKHART (Maître), *Œuvres de Maître Eckhart. Sermons. Traités*, tr. fr. P. Petit, Paris, Gallimard, 1942.

FEDERN P. (1952), *La psychologie du Moi et les psychoses*, tr. fr., Paris, PUF, 1979.

FREUD S. (1895), « Esquisse d'une psychologie scientifique », tr. fr. *in La naissance de la psychana-*

*lyse, lettres à Wilhelm Fliess, notes et plans*, Paris, PUF ; nouv. éd. 1986, p. 307-396.

FREUD S. (1900), *L'interprétation des rêves*, Paris, PUF, 1926 et 1967.

FREUD S. (1901), *Psychopathologie de la vie quotidienne*, Paris, Payot, 1922 ; nouv. éd. 1969.

FREUD S. (1911), « Formulations sur les deux principes du cours des événements psychiques », tr. fr. *in Résultats, idées, problèmes I*, PUF, 1985.

FREUD S. (1912-1913), *Totem et tabou*, Payot, 1923 ; nouv. éd., 1968.

FREUD S. (1915), « L'Inconscient », tr. fr. *in Métapsychologie*, 1936 ; rééd., Paris, Gallimard, 1940 ; nouv. tr., Paris, Gallimard, 1968.

FREUD S. (1920-1923), « Psychologie des foules et analyse du moi », tr. fr. *in Essais de psychanalyse*, Paris, Payot ; nouv. éd. 1985, p. 117-217.

FREUD S. (1923), « Le Moi et le Ça », tr. fr. *in Essais de psychanalyse*, Paris, Payot ; nouv. éd. 1985.

FREUD S. (1924), « La Négation », tr. fr., *in Résultats, idées, problèmes*, II, PUF, 1985.

FREUD S. (1925), « Note sur le "bloc magique" », tr. fr. *in Résultats, idées, problèmes*, tome 2, Paris, PUF.

FREUD S. (1936), « Lettre à Romain Rolland : un trouble de mémoire sur l'Acropole », tr. fr. *in L'Éphémère*, avril 1967, n° 2, 3-13.

GIBELLO B. (1977), « Fantasme, langage, nature, trois ordres de réalité », *in* Anzieu D. et coll., *Psychanalyse et langage*, Paris, Dunod.

GRAVES R. (1958), *Les mythes grecs*, tr. fr., M. Hafez, Fayard, 1967 ; rééd. 1988.

GREEN A. (1983), *Narcissisme de vie. Narcissisme de mort*, Paris, Minuit.

GREEN A. (1990), *La folie privée*, Paris, Gallimard.

GREEN A. (1993), *Le travail du négatif*, Paris, Minuit.

GUÉRIN C. (1990), « Les enveloppes externes du moi », *in* Anzieu D. et coll., *L'épiderme nomade et la peau psychique*, Paris, Apsygée, p. 141 sq.

GUILLAUMIN J. (1980), « La peau du centaure », *in* J. Guillaumin dir., *Corps Création*, Lyon, PUL, p. 227-269.

HAAG G. (1993), « Hypothèse d'une structure radiaire de contenance et ses transformations », *in* Anzieu D. et coll., *Les contenants de pensée*, Dunod, ch. 2.

HAECKEL E.H. (1868), *Histoire de la création des êtres organisés d'après les lois naturelles.*

HOUZEL D. (1987), « Le concept d'enveloppe psychique », *in* Anzieu D. et coll., *Les enveloppes psychiques*, Paris, Dunod, p. 23-54.

HUSSERL E. (1913), *Introduction générale* (Ideen) *à la phénoménologie pure.*

HEISENBERG W. (1955), *La nature dans la physique contemporaine*, Gallimard, « Idées », 1970.

HUME D. (1748), *Enquête sur l'entendement humain*, trad. fr. A. Leroy, Flammarion, « GF », 1983.

JACKSON J.H. (1932), *Selected Writings*, London, Hodder & Stoughton.

JEAN DE LA CROIX (saint), *Montée du mont Carmel*, tr. fr. *in Œuvres spirituelles de saint Jean de La Croix*, Paris, Seuil, 1947.

JEAN DE LA CROIX (saint), *La nuit obscure de l'âme*, tr. fr., *in Œuvres spirituelles de saint Jean de La Croix*, Paris, Seuil, 1947.

KAËS R. (1973), « L'archigroupe », *Nouvelle revue de psychanalyse*, n° 8.

KAËS R. (1976), *L'appareil psychique groupal*, Paris, Dunod.

KAËS R. (1979), « Introduction à l'analyse transitionnelle », *in* Kaës et coll., *Crise, rupture et dépassement*, Paris, Dunod, p. 1-81.

KAËS R. (1980), *L'idéologie : études psychanalytiques*, Paris, Dunod.

KAËS R. (1985), « La catégorie de l'intermédiaire chez Freud », *L'évolution psychiatrique*, 50, 4, p. 893-921.

KAËS R. (1988), « La diffraction des groupes internes », *Revue de psychothérapie psychanalytique de groupe*, n° 11, Toulouse, Érès, p. 159-174.

KAËS R. (1989), « Alliances inconscientes et pactes dénégatifs dans les institutions », *Revue de psychothérapie psychanalytique de groupe*, n° 13, Toulouse, Érès, p. 27-38.

KAËS R. (1993), *Le groupe et le sujet du groupe*, Paris, Dunod.

KANT E. (1781-1787), *Critique de la raison pure*, tr. fr. 1980, Paris, Gallimard, t. 1, « La Pléiade ».

KANT E. (1785), *Fondements de la métaphysique des mœurs* (diverses éditions).

KHAN M. (1974), *Le Soi caché*, tr. fr., Paris, Gallimard, 1976.

KLEIN M. (1957), *Envie et gratitude et autres essais*, tr. fr., Paris, Gallimard ; nouv. éd., 1984.

KOHUT H. (1971), *Le Soi, la psychanalyse des transferts narcissiques*, tr. fr., Paris, PUF, 1974.

KUHN T. (1970), *La structure des révolutions scientifiques*, tr. fr., Paris, Flammarion, 1989.

LACAN J. (1966), *Écrits*, Paris, Seuil.

LAPLANCHE J. (1987), *Nouveaux fondements pour la psychanalyse*, Paris, PUF.

LAPLANCHE J., PONTALIS J.-B. (1967), *Vocabulaire de la psychanalyse*, Paris, PUF.

LAVALLÉE G. (1993), « La boucle contenante et subjectivante de la vision », *in* Anzieu D. et coll., *Les contenants de pensée*, Paris, Dunod.

LÉVI-STRAUSS C. (1958), *Anthropologie structurale*, Paris, Plon.

LÉVI-STRAUSS C. (1964), *Le cru et le cuit*, Paris, Plon.

LÉVI-STRAUSS C. (1967), *Du miel aux cendres*, Paris, Plon.

LÉVI-STRAUSS C. (1968), *L'origine des manières de table*, Paris, Plon.

LÉVI-STRAUSS C., ERIBON D. (1988), *De près et de loin*, Paris, Odile-Jacob.

LEWIN K. (1947), *Psychologie dynamique*, tr. fr., Paris, PUF, 1959.

MARIN L. (1975), *La critique du discours*, Paris, Minuit.

MICHEL P.-A., CLAYSSE D. (1979), *Sur l'architecture des espaces industriels*, Paris, Direction de l'aménagement foncier et de l'urbanisme.

MILL J.S. (1863), *De l'utilitarisme*, tr. fr. G. Tanesse, Flammarion, « Champs », 1988.

MONJAUZE M. (1989), *La problématique alcoolique*, Paris, Dunod.

PANKOW G. (1977), *Structure familiale et psychose*, Paris, Aubier-Montaigne ; nouv. éd. augmentée et révisée 1983.

PASCAL B., *Pensées*, éd. de Cluny, Z. Tourneur-D. Anzieu, Paris, A.-Colin, 1960 ; éd. P. Sellier, Bordas, « Classiques Garnier », 1991.

PIAGET J. (1947), *La psychologie de l'intelligence*, Paris, A.-Colin.

PINOL-DOURIEZ M. (1984), *Bébé agi-bébé actif : l'émergence du symbole dans l'économie interactionnelle*, Paris, PUF.

POLLACK-CORNILLOT M. (1990), *Freud traducteur : introduction à la traduction des œuvres de Freud*, thèse soutenue à l'Université de Paris V-René-Descartes.

PONTALIS J.-B. (1977), *Entre le rêve et la douleur*, Paris, Gallimard.

RACAMIER P.C. (1980), *Les schizophrènes*, Paris, Payot.

RACAMIER P.C. (1989), *Antœdipe et ses destins*, Paris, Apsygée.

RICŒUR P. (1965), *De l'interprétation : essai sur Freud*, Paris, Seuil.

ROSOLATO G. (1978), « L'ombilic et la relation d'inconnu », *in La relation d'inconnu*, Paris, Gallimard.

ROUSSILLON R. (1991), *Paradoxes et situations limites de la psychanalyse*, Paris, PUF.

SAMI-ALI M. (1974), *L'espace imaginaire*, Paris, Gallimard.

SAMI-ALI M. (1977), « Une théorie du visage », *in Corps réel, corps imaginaire*, Paris, Dunod.

SAMI-ALI M. (1990), *Le corps, l'espace et le temps*, Paris, Dunod.

SCHILDER P. (1950), *L'image du corps*, tr. fr. Paris, Gallimard, 1960.

SELLIER P. (1991), Introduction à Pascal B. *Pensées*, Paris, Bordas, « Classiques Garnier ».

SPINOZA B. (1677), *Ethica ordine geometrico demonstrata*, tr. fr., C. Appuhn, Flammarion, « GF », 1988.

STENDHAL (1839), *La Chartreuse de Parme* (diverses éditions).

STENDHAL (1855), *Chroniques italiennes* (diverses éditions).

STENGERS I. et coll. (1987), *D'une science à l'autre : des concepts nomades*, Paris, Seuil.

STERN D. (1993), « L'enveloppe prénarrative », IVe Colloque de Monaco, 1992 ; *Journal de la psychanalyse de l'enfant*, n° 14, p. 13-65.

TAUSK V. (1919), « De la genèse de “l'appareil à influencer” au cours de la schizophrénie », tr. fr. *in Œuvres psychanalytiques*, Paris, Payot, 1976.

THOM R. (1983), *Paraboles et catastrophes*, Paris, Flammarion.

TISSERON S. (1992), *La honte*, Paris, Dunod.

TISSERON S. (1993), « Schèmes d'enveloppe et schèmes de transformation dans les fantasmes et dans la cure », *in* Anzieu D. et coll., *Les contenants de pensée*, Paris, Dunod, ch. 3.

TUSTIN F. (1981), *Les états autistiques chez l'enfant*, tr. fr., Paris, Seuil, 1986.

TUSTIN F. (1986), *Le trou noir de la psyché*, tr. fr., Paris, Seuil, 1989.

VERLET L. (1993), *La malle de Newton*, Paris, Gallimard.

WIDLÖCHER D. (1970), *Freud et le problème du changement*, Paris, PUF.

WINNICOTT D.W. (1958), *De la pédiatrie à la psychanalyse*, tr. fr., Paris, Payot ; nouv. éd. 1976.

WINNICOTT D.W. (1971), *Jeu et réalité*, tr. fr., Paris, Gallimard ; nouv. éd. 1981.

# INDEX

## INDEX RERUM

### A - B - C



### D - E

## F - G - H



## I - J - L



## M - N

## O - P



## R - S - T



## V

# INDEX NOMINUM

## A - B



## C - D - E - F - G



## H - J - K



## L - M - N



## P - R - S

## T- V - W

idem

# Dans la même collection

D. ANZIEU *Créer, détruire*

L. VON BERTALANFFY *Théorie générale des systèmes*

A. CONAN DOYLE *Histoire du spiritisme*

A. EIGUER *L'inconscient de la maison*

A. EINSTEIN *La théorie de la relativité restreinte et générale*

G. FRANKLIN *Moi, Benjamin Franklin*

D. HOFSTADTER *Je suis une boucle étrange*

J. MAGUEIJO *Plus vite que la lumière*

C. MIDLER *L'Auto qui n'existait pas*

T. NATHAN *La folie des autres*

R. PERRON *Une psychanalyse, pourquoi ?*

T. PETERS *Le prix de l'excellence*

E. PEYNAUD *Le vin et les jours*

H. POINCARE *La science selon Poincaré*

J. POSTEL, C. QUETEL *Nouvelle histoire de la psychiatrie*

C. ROGERS *Liberté pour apprendre*

M. SAMI-ALI *Le haschisch en Égypte*

A. SAUVY *De la rumeur à l'histoire*

H.-J. STIKER *Corps infirmes et sociétés*

70130 – (V) – OSB 80° – FAB – MGS
Dépôt légal : octobre 2013 - Suite du tirage : novembre 2022

Achevé d'imprimer en France par Dupliprint à Domont (95)
N° d'impression : 2022102819
www.dupliprint.fr

*Imprimé en France*